다섯 가지 질문

FIVE *Ask*

다섯 가지 질문

Think

장재형 지음

**삶의 불안을 덜어줄
철학의 언어**

Answers

QUESTIONS

| Prologue |

묻고 생각하고 답하며
나의 길이 만들어진다

우리는 아픔이 빨리 지나가길 바란다. 그래서 다시 아무 일도 일어나지 않은 듯 살고 싶어 한다. 잘 나가던 회사가 하루아침에 무너져 하루 한 끼를 라면으로 때워야 했던 날이 있었다. 어린 시절 부모님을 잃고 외롭게 자랐던 사람도, 암이라는 무서운 병으로 죽음 직전까지 갔던 사람도 있다. 오랫동안 공황장애와 우울증에 시달리며 모질고 각박한 세월을 견딘 사람도 있다. 직장에서 상사의 압박에 시달리다 어렵게 들어간 회사를 떠나 불안과 걱정으로 하루하루를 보내는 사람도 있다.

크고 작은 아픔이 앞다퉈 들이닥치면 살아야 할 이유

가 사라졌다고 느낀다. 모든 시도가 실패로 돌아가면 더 이상 다른 희망은 보이지 않는 듯하다. 그러나 그때조차 우리는 아직 젊고, 일어설 힘이 남아 있다. 그러니 다시 시작할 수 있다고 스스로에게 말해야 한다.

아픔은 우리를 멈추게 하지만, 동시에 우리 안의 어떤 가능성을 깨운다. 다시 시작할 힘은 언제나 그 고통 속에 숨어 있다. 아픔은 견디는 감정이 아니라 스스로에게 던져진 질문이다. '나는 왜 이렇게 불안한가', '무엇을 잃었기에 이렇게 흔들리는가' 이러한 근본적인 질문에 대한 해답을 나는 플라톤, 마르쿠스 아우렐리우스, 몽테뉴, 루소, 쇼펜하우어, 니체, 소로, 러셀, 공자, 맹자, 노자, 장자에 이르는 12명의 철학자에게서 찾았다.

이 책에 등장하는 12명의 철학자는 서로 다른 시대와 문명에 살았지만, 모두 인간의 정신에 대해 같은 질문을 던졌다. 2400년의 세월을 건너온 그들의 언어는 예나 지금이나 변하지 않는다. 플라톤의 영혼의 조화, 루소의 자아 회복, 니체의 자기 극복, 장자의 자유로운 정신까지 철학자들의 사유는 결국 '인간은 어떻게 살아야 하는가'라는 하나의 물음으로 이어진다. 철학의 언어는 시대를 넘어 불안을 해석하고, 인간의 정신을 일으켜 세우는 힘이다.

이 책의 제목인 《다섯 가지 질문》은 인간이 아픔을 겪을 때 그 아픔이 어떻게 찾아오고 어떤 모습으로 드러나며, 또 그 고통을 어떻게 극복해야 하는가를 다섯 개의 물음으로 표현한 것이다.

"왜 나는 모든 것이 불안한가?"
"왜 나는 타인을 위해 살고 있는가?"
"삶의 길이 보이지 않는다면 무엇을 해야 할까?"
"참고 버티면 언젠가 나아질까?"
"내면의 부를 어떻게 쌓을 수 있을까?"

이 책은 단순히 읽는 책이 아니라 스스로 묻고 생각하고 답하는 책이다. 매일 밤 10분 동안 한 철학자의 생각을 읽고, 그 문장을 손으로 옮겨 적어라. 짧은 문장을 필사하는 그 순간, 사유는 머릿속 개념이 아니라 당신의 언어가 된다. 한 줄의 문장을 마음에 새길 때 우리는 조금씩 단단해질 것이다. 12명의 철학자가 남긴 말은 모두 아픔을 통과한 자들의 기록이다. 그들의 문장을 따라 적는 동안 당신도 조금씩 아픔으로부터 자신을 회복하게 될 것이다. 이 책은 진정한 나 자신을 향한 여정을 위한 안내서이며, 매일 밤 10분의 철학이 당신의 삶을 다시 세워줄 것이다.

삶이 우리에게 균형을 요구할 때마다 육체의 병, 정서의 불안, 관계의 상처, 실패의 좌절, 사랑의 단절, 존재의 공허가 따라온다. 그러나 불안을 마주할 때 당신 안에 숨어 있던 모습이 드러난다. 가장 깊은 괴로움과 끔찍한 고통이 찾아올 때 바로 그때가 다시 일어설 순간이다. 중요한 것은 그 아픔 속에서 어떤 태도를 만들어내느냐다. 지금 늘 같은 이유로 불안해하는 당신에게 12명 철학자의 언어가 삶에 대한 염증을 진정시켜주는 진통제가 되길 간절히 바란다.

장재형

2400년 동안 '인간은 어떻게 살아야 하는가'를 사유한 12명의 철학자

플라톤(Plato, BC 427-BC 347)

영혼의 의사. 스승 소크라테스의 정신을 이어받아 철학을 '영혼을 돌보는 일'로 보았다. 인간의 아픔은 이성과 욕망이 어긋난 데서 비롯되며, 진리를 향한 사유가 다시 중심을 잡을 때 영혼은 조화를 되찾는다고 주장했다.

마르쿠스 아우렐리우스(Marcus Aurelius, 121-180)

로마의 황제이자 후기 스토아 철학자. 평생 전쟁과 혼란의 한가운데서 철학을 통해 자신을 다스리는 법을 배웠다. 철학을 세상의 소용돌이 속에서 영혼을 단련하는 내면의 훈련으로 보았다.

미셸 드 몽테뉴(Michel de Montaigne, 1533-1592)

《수상록》에서 인간의 불완전함과 모순을 탐구하며 '자기 탐구'라는 새로운 철학의 문을 열었다. 공직과 세상의 소란에서 물러나 자신을 관찰하며 사는 일 자체를 철학의 대상으로 삼았다. 철학은 그에게 추상적 사유가 아니라 자신을 이해하기 위한 일상의 실험이었다.

장 자크 루소(Jean-Jacques Rousseau, 1712-1778)

계몽주의 철학자. 루소는 《인간 불평등 기원론》에서 인간은 본래 선하지만, 사회가 발전하면서 타인의 시선을 의식하게 되었고 그로 인해 마음이 병들었다고 보았다. 철학은 그에게 잃어버린 자신으로 돌아가는 길이었다.

아르투어 쇼펜하우어(Arthur Schopenhauer, 1788-1860)

염세주의 철학자. 그는 행복을 더 많은 쾌락을 얻는 데서가 아니라 삶에의 의지를 부정함으로써 고통을 벗어나는 데서 찾았다. 욕망을 멈출 때 인간은 잠시나마 평온함에 닿을 수 있다고 보았다.

프리드리히 니체(Friedrich Nietzsche, 1844-1900)

신의 죽음을 선포하며 허무주의에 빠진 인간에게 새로운 인간상 '위버멘쉬'를 제시했다. 그는 주어진 운명을 사랑하고(아모르 파티), 고통마저 긍정하는 디오니소스적 정신을 통해 삶을 다시 창조해야 한다고 주장했다.

헨리 데이비드 소로(Henry David Thoreau, 1817-1862)

그는 월든 호숫가에 거주하며 단순하고 자발적인 삶을 실험했고, 이를 통해 내면의 자유를 추구했다. 더 높은 법칙 Higher Law을 따르는 삶이 진정한 자유라고 보았으며, 철학은 외부의 소음에서 벗어나 내면의 목소리를 듣는 길이라 생각했다.

버트런드 러셀(Bertrand Russell, 1872-1970)

수학자이자 철학자. 《행복의 정복》에서 그는 인간의 불행이 자기 자신에 대한 과도한 몰입에서 비롯된다고 보았다. 행복은 자신을 벗어나 타인과 세계로 관심을 확장할 때 가능하다고 말했다. 철학은 그에게 걱정과 두려움을 이성으로 다스리고 마음의 평정을 되찾는 지혜였다.

공자(孔子, BC 551-BC 479)

유교의 창시자로 일컬어지는 춘추시대의 유학자. 그는

혼란한 시대 속에서도 인간다움의 근본인 '인仁'을 삶의 중심에 두었다. 예禮를 통해 마음을 다스리고 관계의 조화를 이루는 것을 인간의 도리로 보았다.

맹자(孟子, BC 372-BC 289)

전국시대의 유학자이자 정치사상가. 인간의 본성은 본래 선하지만, 세속의 욕망과 이익이 그 마음을 흐리게 만든다고 보았다. 인간의 마음속에는 인·의·예·지의 단서인 '사단四端'이 존재하며, 그것을 길러야 본래의 선한 본성을 되찾을 수 있다고 설파했다.

노자(老子, BC 6세기경)

춘추시대 초나라의 철학자. 만물의 근원인 도道를 깨닫고 그 흐름에 자신을 맡기라 가르쳤다. 억지로 세상을 바꾸려 하지 말고, 무위無爲의 삶 속에서 자연과 조화를 이루는 길을 말했다.

장자(莊子, BC 369-BC 286)

혼돈의 전국시대를 유유자적하게 살아간 자유로운 사상가. 그는 얽매임도 거리낌도 없이 노니는 삶을 이상으로 삼았고, 세속의 경계와 구분을 넘어 도道와 하나 되는 자유를 말했다.

| 차례 |

Prologue | 묻고 생각하고 답하며 나의 길이 만들어진다 | *4*

2400년 동안 '인간은 어떻게 살아야 하는가'를 사유한 12명의 철학자 | *8*

Chapter 1

왜 나는 모든 것이 불안한가
흔들리는 나의 마음에 관하여

자아의 정체성 | 내가 나인지, 나비인지 알 수 없다 | 장자 | *20*

고통의 연금술 | 고통을 마주할 때 나는 더 단단해진다 | 프리드리히 니체 | *25*

자기돌봄 | 왜 나는 늘 같은 이유로 아파하는가 | 플라톤 | *30*

염세주의 | 내 마음이 무너지는 걸 모른 채 살아가고 있었다 | 아르투어 쇼펜하우어 | *36*

나만의 길 찾기 | 삶은 오직 하나의 길만 요구하지 않는다 | 헨리 데이비드 소로 | *42*

건강한 자존감 | 불안은 타인의 시선 속에서 자란다 | 마르쿠스 아우렐리우스 | *47*

내 안의 그림자와 마주하기 | 괴물을 마주할 때 더욱 나를 지켜야 한다 | 프리드리히 니체 | *52*

불안의 본질 | 불행은 과로가 아니라 불안에서 시작된다 | 버트런드 러셀 | *58*

내 안으로의 여정 | 역경은 우리를 우리에게로 데려온다 | 장 자크 루소 | *64*

현재의 의미 | 미래만 보다 현재를 놓친다 | 버트런드 러셀 | *69*

Chapter 2

왜 나는 타인을 위해 살고 있는가
나를 둘러싼 인간관계에 관하여

존중과 차이 | 타자의 삶을 내 방식으로 대하지 마라 | 장자 | *76*

따뜻한 관심 | 좋은 관계는 삶의 온도를 높인다 | 버트런드 러셀 | *81*

인정 욕구 | 왜 나는 늘 타인에게 인정받고 싶어 할까 | 장 자크 루소 | *86*

타자 이해 | 자기 기준으로 남을 자르지 마라 | 장자 | *90*

반추의 태도 | 잘되지 않을 때 남 탓보다 나를 먼저 돌아본다 | 맹자 | *95*

역지사지의 마음 | 내가 원치 않는 일은 남에게도 하지 않는다 | 공자 | *100*

자기 사랑 | 타인의 평가에서 벗어나야 나를 되찾는다 | 장 자크 루소 | *105*

부끄러움 없는 삶 | 관계는 나의 태도를 비추는 거울이다 | 맹자 | *110*

침묵의 가치 | 많은 말은 본질을 흐리고 나를 잃게 만든다 | 노자 | *114*

측은지심 | 왜 우리는 타인의 고통 앞에서 연민을 느끼는가 | 맹자 | *118*

Chapter 3

삶의 길이 보이지 않는다면 무엇을 해야 할까
삶의 방향과 태도에 관하여

삶의 의미 | 사는 대로 살다 보면 왜 사는지 의미를 잃게 된다 | 플라톤 | *126*

운명을 대하는 태도 | 세상일이란 자기 마음먹은 대로 되지 않는다 | 맹자 | *132*

시간의 리듬 | 늦은 성숙은 더 깊은 뿌리를 내린다 | 헨리 데이비드 소로 | *136*

흔들리지 않는 삶 | 방향 없는 삶은 어느 바람에도 흔들린다 | 몽테뉴 | *141*

결단력 | 생각하지 말고, 그저 위를 향해 오르라 | 프리드리히 니체 | *145*

일하는 기쁨 | 일이 즐거우면 인생이 가벼워진다 | 버트런드 러셀 | *150*

소유하지 않는 삶 | 그대가 바로 하나의 장애물이다 | 장자 | *157*

확신의 힘 | 운명은 자기 인식에서 시작된다 | 헨리 데이비드 소로 | *162*

배움의 기쁨 | 남이 알아주길 바라지 마라 | 공자 | *168*

질문하는 삶 | 질문을 멈추면 삶도 멈춘다 | 플라톤 | *173*

Chapter 4

참고 버티면 언젠가 나아질까
자기 극복과 성장에 관하여

시련의 의미 | 큰 사명을 이루기 위해서는 먼저 역경을 견뎌야 한다 | 맹자 | *180*

부정적 시각화 | 최악의 상황을 미리 염두에 두라 | 마르쿠스 아우렐리우스 | *185*

일상의 완급 조절 | 삶은 고통과 권태 사이를 오간다 | 아르투어 쇼펜하우어 | *191*

삶을 가볍게 만드는 기술 | 춤추듯 살아야 삶이 가벼워진다 | 프리드리히 니체 | *196*

시도하지 않는 삶 | 왜 늘 같은 이유로 시작조차 하지 않는가 | 공자 | *203*

자기 실수 용서하기 | 실패할지라도 다시 그 길을 사랑하라 | 마르쿠스 아우렐리우스 | *207*

내면강화 | 무기력은 어디에서 오는가 | 프리드리히 니체 | *211*

직관의 힘 | 내면의 소리를 의심하지 마라 | 헨리 데이비드 소로 | *217*

삶의 궤적 그리기 | 한 줄기의 긍정과 목표로 나를 이끌어라 | 프리드리히 니체 | *222*

관점 연습 | 고통은 불운이 아니라 행운일 수 있다 | 마르쿠스 아우렐리우스 | *227*

Chapter 5

내면의 부를 어떻게 쌓을 수 있을까
더 높은 삶과 행복에 관하여

성공의 대가 | 성공을 위해 행복을 희생하지 마라 | 버트런드 러셀 | *234*

내면의 부 | 영혼의 부는 돈으로 살 수 없다 | 헨리 데이비드 소로 | *240*

드러내지 않음의 미덕 | 스스로를 높이는 순간 무너짐은 시작된다 | 노자 | *245*

불행 피하기 기술 | 나는 왜 사소한 이유로 근심하는가 | 몽테뉴 | *249*

자긍심 | 왜 나는 늘 타인의 갈채를 원하는가 | 아르투어 쇼펜하우어 | *254*

온전한 삶 | 삶은 견디는 것이 아니라 즐기는 것이다 | 공자 | *260*

마음챙김 | 한 걸음 물러서서 바라보면 인생은 좋은 것도 나쁜 것도 아니다 | 헨리 데이비드 소로 | *265*

명랑한 마음 | 즐거워하는 사람은 언제나 그럴 만한 이유가 있다 | 아르투어 쇼펜하우어 | *271*

행복의 정복 | 행복은 관심을 외부로 돌리는 것이다 | 버트런드 러셀 | *276*

단단한 삶 | 불행조차 더 이상 영향을 미치지 않는다 | 장 자크 루소 | *281*

참고문헌 | *286*

Chapter 1

왜
나는
모든 것이
불안한가

흔들리는
나의 마음에
관하여

내가 나인지,
나비인지 알 수 없다

자아의 정체성

"과연 장주가 나비가 되는 꿈을 꾼 것일까,
아니면 나비가 장주가 되는 꿈을 꾼 것일까?
장주와 나비 사이에는 분명히 구분되는 부분이 있을 것이다.
이처럼 변화해 가는 것을 가리켜 '물화(物化)'라고 말한다."

| 장자 |

장주는 어느 날 꿈속에서 나비가 되었다. 자신이 장주라는 사실을 완전히 잊은 채 홀가분한 마음으로 훨훨 날아다녔다. 그러다 문득 꿈에서 깨어났다. 눈앞에는 다시 인간 장주가 있었다. 그는 스스로에게 이렇게 물었다. "과연 장주가 꿈에서 나비가 된 것일까, 아니면 나비가 꿈에서 장주가 된 것일까?" 혼란이 밀려왔다.

"나는 장주인가, 나비인가? 도대체 나는 누구인가?"

그는 무엇이 꿈이고 무엇이 현실인지 알 수 없었다. 장자는 《장자》 내편 〈제물론〉 편에서 이를 '물화物化'라고 말했다. 다시 말해 물화란 내가 믿고 있는 나와 타인, 꿈과 현실 사이의 경계가 흐려져 마침내 사라지는 순간을 뜻한다.

우리 역시 각자의 삶에서 장자와 비슷한 혼란을 겪는다. 직장인, 부모, 친구라는 다양한 사회적 역할과 주변 사람들의 기대 속에서 스스로를 맞추며 살아간다. 과거의 성공과 행복했던 기억에 집착하거나, 자신을 특정한 성격이나 기질에 묶어 놓는다. 이런 고정된 자아 정체성은 삶의 변화 앞에서 우리를 불안하게 하고 괴롭게 만든다. 장자가 말한 물화는 바로 이런 단단하고 고정된 자아의 틀을 벗어나는 길이다. 물화는 낡고 익숙한 자아의 굴레를 벗고, 끊임없이 흐르는 강물처럼 변화하는 삶에 나를 맡기는 것이다. 그러기 위해서는 스스로를 하나의 고정된 실체라고 믿는 착각에서 벗어나야 한다.

우리는 대부분의 시간을 회사원, 부모, 친구라는 다양한 이름의 가면을 쓰고 살아간다. 수많은 가면과 역할 뒤에 숨겨진 진짜 내 얼굴은 과연 어떤 모습인가. 하루에 단 10분이라도 좋다. 모든 사회적 가면을 벗고 온전히 나 자신으로 돌아가는 시간을 마련하자. 그러면 타인의 기대와 요구에서 한 발짝 떨어진 고요한 시간 속에서 진짜 나의 목소리가 들리기 시작한다.

물화는 단지 겉모습을 바꾸거나 새로운 역할을 실험하는 게 아니다. 스스로 만든 고정된 자아의 틀을 허물어야 하는데, 이게 쉽지 않다. 나에게 부여된 역할을 내려놓고 자신과 마주하는 노력과 시간이 필요하다. 자신이 믿어왔던 모든 것이 흔들리며 혼란스럽고 두려울 수도 있다. 하지만 그 혼란과 두려움을 통과할 때 비로소 우리는 진짜 자신을 만나게 된다.

깊은 숲속에 들어가 가만히 걸어본 적이 있는가. 아주 잠시만이라도 숨을 천천히 내쉬며 고요함을 느껴보자. 어느 순간 흔들리는 나뭇잎의 떨림이 내 숨결과 하나가 된다. 내가 숨을 쉬는 건지, 나무가 흔들리는 건지 구분할 수 없는 순간이 찾아온다. 바로 그때 내가 단단히 고정된 하나의 존재가 아니라 자연의 흐름 그 자체임을 깨닫게 된다. 내가 오랫동안 믿고 살아왔던 '나는 이런 사람이다'라는 생각이 서서히 녹아내리며 내 안의 경계가 허물어지는 순간이다.

물화로 나아가기 위한 실천적 방법

*

1. 나를 가둔 한계를 의심하라. '나는 원래 ○○한 사람이다'라고 믿었던 익숙한 생각을 매일 한 가지씩 점검해보자.
2. 하루 단 2분 만이라도 세상과 단절된 고요 속에서 오직 나 자신과 만나라. 타인의 기대나 역할 없이 존재하는 나를 발견해본다.
3. 몸과 마음에서 일어나는 변화를 판단하거나 저항하지 말고 그저 지켜보라. 자연스럽게 흐르는 감정과 생각을 붙잡지 말고 그대로 흘러가게 내버려두자.
4. 억지로 무언가를 성취하려 애쓰지 말고, 있는 그대로의 나를 받아들이고 포용하라. '나는 반드시 ○○해야 한다'라는 강박을 내려놓고, '나는 그저 나일 뿐'이라는 담담한 태도로 흐름에 나를 맡긴다.
5. 매일 밤 잠들기 전에 하루를 돌아보며, 오늘 내가 익숙한 틀에서 벗어나 새롭게 느낀 순간을 짧게 기록하라. 그렇게 자신이 변화하고 있음을 확인해보자.

English transcription page

과연 장주가 나비가 되는 꿈을 꾼 것일까,
아니면 나비가 장주가 되는 꿈을 꾼 것일까?
장주와 나비 사이에는 분명히 구분되는 부분이 있을 것이다.
이처럼 변화해 가는 것을 가리켜 '물화(物化)'라고 말한다.

> *But Zhuang Zhou did not know whether he was Zhuang Zhou who had dreamed he was a butterfly, or a butterfly dreaming that he was Zhuang Zhou? Between Zhuang Zhou and the butterfly there must be some distinction. This is called the Transformation of Things.*

고통을 마주할 때
나는 더 단단해진다

고통의 연금술

◆─────────────────────────────◆

"나를 죽이지 않는 것은 나를
더욱 강하게 만든다."

| 프리드리히 니체 |

독일의 철학자 프리드리히 니체는 평생 편두통과 안구 통증을 달고 살았다. 정상적인 생활이 불가능할 정도의 육체적 고통은 그를 외로운 삶으로 몰아넣었지만, 니체는 오히려 오랜 병을 통해 더 높은 차원의 정신적 강건함을 얻었다고 고백한다. 우리가 너무나 잘 알고 있듯 그는 비참한 삶의 한가운데서 '고통의 연금술'을 발견했다. 니체는 말한다. 단언컨대 고통을 통해 삶을 단련하고 연마한 사람만이 진정한 행복을 얻는다고.

니체는 고통의 위대함을 "나를 죽이지 않는 것은 나를 더욱 강하게 만든다"라는 아포리즘으로 표현했다. 여기서 '나를 죽이지 않는 것'이란 우리를 존재의 가장자리까지 몰아가는 극한의 시련과 역경, 즉 삶의 한계를 의미한다. 사실 크나큰 고통은 우리를 죽음 직전까지 몰고 가지만, 그 경계선에서 삶을 오히려 더 깊고 단단하게 만든다. 시련의 터널을 통과하고 나면 인간은 자신의 한계를 넘어선 더 높은 존재로 거듭난다. 좌절과 상처가 성장과 변모의 재료가 되는 것이다. 그런 의미로 니체는 《선악의 저편》에서 이렇게 말한다.

"깊은 고통은 사람을 고귀하게 만든다."

인간이라면 누구나 삶에서 크고 작은 시련과 어려움이 온전히 나를 집어삼키는 순간을 겪게 된다. 직장에서의 부당한 해고, 사랑하는 이와의 갑작스러운 이별, 예고 없이 찾아온 불치병 같은 극한의 고통 앞에서 우리는 쉽게 무너지고 좌절한다. 온몸을 휘감는 암울한 순간이 찾아올 때마다 '시간이 약'이라 믿지만, 현실은 크게 달라지지 않는다. 내가 할 수 있는 건 그저 하루하루를 버텨내는 것뿐이다.

고통의 이유를 곱씹어 볼수록 괴로움은 더욱 깊어진다. 피하고 싶다. 하지만 피할 수 없다면 고통을 껴안고 그럭저럭 살아가면 되지 않을까? 아니, 그것은 애초에 불가능에 가깝다. 막연히 참기만 하면 고통은 우리 내면 깊숙이 자리 잡은 채 점점 커지다 결국 삶 전체를 무기력하고 피로하게 만든다. 무엇보다 커다란 고통은 견디거나 참는다고 해서 저절로 사그라지지 않는다.

반복된 실패와 좌절 속에서 무기력하고 우울하게 하루하루를 보내는 사람들을 종종 볼 것이다. 그러나 나라고 다를까? 나 역시 고통 앞에서 예외일 수 없다. '왜 하필 나인가?'라는 질문이 끝없이 떠오를 뿐이다. 니체의 대답은 확고하다. 오직 끊임없이 고통을 맞이하는 자만이 행복을 만들어낼 수 있다. 따라서 당신은 이제 다시 질문을 해야 한다. 어떻게 해야 고통이 진정한 의미에서 강함으로 전환될 수 있는가? 고통을 성장의 힘으로 전환하는 구체적 실천 방법은 세 단계로 요약할 수 있다.

> 고통 직면하기 → 고통에 의미 부여하기 → 다시 일어서기

1 고통을 직면하라. 시련을 원망하거나 외면하지 말고, 있는 그대로 마주 보자. 삶의 어두운 현실을 부정하거나 회피할 때 고통은 더욱 깊어진다. 오히려 고통을 정면으로 직시할 때 비로소 의식이 깨어나며, 자신을 변화시킬 결단과 힘이 생긴다. 진정한 성

장은 자신에게 닥친 좌절과 상실을 인정하고 받아들이는 순간에 시작된다.

2. 고통에 의미를 부여하라. 왜 나에게 이런 일이 일어났는지, 이 시련이 나에게 무엇을 알려주려 하는지 질문을 던지고 깊이 사유하라. 물론 그 의미를 찾기 어려운 경우도 있다. 하지만 답을 구하는 과정에서 고통은 단순한 불운이 아니라 삶을 변화시키는 결정적 계기가 된다.

3. 고통을 딛고 다시 일어서라. 실패와 좌절을 겪었다면 하루라도 빨리 털고 일어나야 정작 삶의 중요한 다음 장면을 놓치지 않는다. 그리고 실패 속에서 얻은 통찰과 깨달음을 발판 삼아 더 높은 차원의 목표로 도약해야 한다. 중요한 것은 고통을 어떻게 받아들이고 활용하느냐에 있다. 불길을 통과한 강철이 더 강해지듯 고통을 거친 사람만이 자신의 한계를 뛰어넘고 이전과는 전혀 다른 새로운 존재로 거듭날 수 있다.

English transcription page

나를 죽이지 않는 것은 나를 더욱 강하게 만든다.
"깊은 고통은 사람을 고귀하게 만든다."

> *That which does not kill me, makes me stronger. "Profound suffering ennobles."*

왜 나는 늘 같은 이유로
아파하는가

자기돌봄

"그대는 부와 명예와 평판은 가장 많이 얻으려고
애쓰면서도 지혜와 진리, 그리고 자신의 영혼을
최대한 훌륭해지도록 하는 일에는 거의 관심도 기울이지 않고
전혀 생각조차 하지 않다니 부끄럽지 않는가?"

| 플라톤 |

"너 자신을 알라."

이 유명한 명제는 소크라테스가 말한 것으로 알려졌지만, 본래 그리스 델포이 신전에 새겨져 있던 오래된 글귀다. 소크라테스는 이 문장을 보고 깊은 인상을 받아 사람들에게 자주 말하며 철학적 성찰을 권유했다. 그는 인간이 자신을 제대로 모른다는 사실을 지적하고, 자신을 아는 것이 곧 자기 자신을 돌보는 첫 단계라고 강조했다.

오늘날 많은 사람들은 자신의 마음이 서서히 무너지고 있음을 깨닫지 못한 채 살아간다. 바쁜 일상에 쫓기고

타인의 시선을 의식하느라 자기 내면의 목소리를 듣지 못한다. 소음과 자극으로 가득 찬 일상 속에서 스스로에게 귀 기울이는 법을 잃어버렸다. 마음이 무너지는 것을 알아차리지 못하는 이유는 무엇일까? 바로 자기 자신과의 단절 때문이다.

소크라테스가 말한 "너 자신을 알라"의 진정한 의미는 자기 자신의 무지를 깨달으라는 것이다. 플라톤은 여기서 한 걸음 더 나아가 '자기돌봄'이라는 철학적 개념으로 확장했다. 인간은 영혼과 육체로 이루어져 있고, 진정한 행복은 영혼을 돌보는 것에서 시작된다고 여겼다. 몸을 가꾸거나 재물을 쌓는 일보다 훨씬 중요한 것은 자기 영혼을 건강하고 지혜롭게 돌보는 일이다.

그렇다면 자기돌봄의 대상은 과연 누구일까? 바로 오랜 시간 방치된 '상처 입은 내면아이'다. 내 안에는 나를 끊임없이 뒤흔드는 상처투성이 내면아이가 살고 있다. 그 내면아이는 어린 시절 부모로부터 "울지 마라", "화내지 마라"라는 말을 들으며 억눌렀던 감정을 어른이 된 지금까지 치유하지 못한 채 두려움과 분노의 형태로 품고 있는 존재다. 내 외모가 별로라거나 매력이 부족하다고 탓하며, 친구가 없다는 말을 반복하고, 나는 사랑받을 만한 가치가 없다던가, 늘 버림받을 것이라고 자책한다. "왜 나는 이것밖에 안 돼" 하며 늘 뒤처진다고 채찍질한다. 살아오는 내내 타인의 입을 통해 들었던 비판보다 내 안에서 스스로에게 던진 비난이 훨씬 더 많다.

내면아이의 목소리는 어린 시절부터 지금까지 단 하루도 쉰 적이 없다. 30대가 지나고, 40대를 훌쩍 넘긴 지금도 비난의 목소리는 끈질기게 내 안에서 반복된다. 인생의 중요한 결정을 앞두고 있을 때마다 어김없이 나타나 나를 붙잡고 속삭인다. "너는 결국 못할 거야."

이렇게 상처 입은 내면아이가 내뱉는 목소리는 실제 내 능력과 상관없이 나 자신을 실패자이고 무능한 존재로 만든다. 결국 스스로에게 가장 가혹한 존재는 나 자신이다. 무언가 뜻대로 이루어지지 않거나 작은 실수를 저지를 때마다 이 목소리는 더욱 커지고 끈질기게 나를 괴롭힌다. 자책은 일상이 되고, 그렇게 습관처럼 반복되면 서서히 내면이 망가진다. 이런 악순환 속에서 우리는 끊임없이 자기 자신에게 상처를 주고 있다. 내가 늘 같은 이유로 아파했던 이유가 바로 여기에 있다.

상처 입은 내면아이를 치유하는 첫걸음은 내 감정을 억누르지 않고 그대로 받아들이는 것이다. 슬픔과 분노가 올라올 때 지금의 내가 과거의 나에게 "왜 그렇게 아팠니?"라고 물을 수 있어야 한다. 내면아이가 듣지 못했던 위로의 말을 지금의 내가 대신 건네는 것, 그것이 자기돌봄의 시작이다. 실수를 자책하기보다 "괜찮아"라고 말해주고, "너는 사랑받을 가치가 있어"라고 일러주는 것이다. 자기돌봄의 핵심은 한 번의 행동이 아니라 반복된 말과 태도가 쌓여 만들어지는 습관이다.

자기 자신과의 관계가 흔들리면 외부의 작은 충격에도 쉽게 무너진다. 슬픔, 분노, 불안 같은 감정들은 자기 자신과의 관계가 약할수록 더 깊어진다. 이런 상황을 극복하려면 타인의 위로에 기대기보다 자기 내면의 목소리에 귀를 기울여야 한다. 인생의 중요한 답은 밖에 있지 않다. 오직 자기 내면에서 찾아야 한다. 내 안의 고통과 갈등, 불안을 외면하지 말고 있는 그대로 정직하게 마주해야 한다.

"나는 항상 무엇 때문에 아픈가?"
"지금 나에게 가장 필요한 위로는 무엇인가?"
"어떻게 나 자신을 더 깊이 돌볼 수 있을까?"

자기돌봄은 단순히 위로하는 것이 아니라 나 자신을 이해하고 치유해가는 과정이다. 프랑스 현대 철학자 미셸 푸코는 자기돌봄을 '자기 배려'라고 해석했다. 그는 자기 자신을 돌보는 구체적인 실천 방법을 고대 그리스와 로마 철학에서 찾았다. 그가 찾은 방법은 다음과 같다.

자기 자신을 배려하는 8가지 방법

1. 자기 자신 속으로 은거하라. 외부의 소음에서 벗어날 때 비로소 내면의 소리가 들리기 시작한다.
2. 자신에게로 되돌아가라. 타인의 기대가 아니라 내 삶의 중심축을 다시 세워야 한다.
3. 자신에게서 즐거움을 발견하라. 작은 기쁨이 지친 영혼을 회복시킨다.
4. 오직 내 안에서 쾌락을 추구하라. 외부에서 찾는 쾌락은 일시적이고 쉽게 흔들린다.
5. 자기 자신과 더불어 지내는 법을 배워라. 혼자 있는 법을 모르면 누구와도 진심으로 만날 수 없다.
6. 자기 자신과 친구가 돼라. 나 자신과의 우정은 가장 오래 지속할 수 있는 관계다.
7. 자신의 상처를 인정하고 치유하라. 아픔을 직면할 때 비로소 회복의 길이 열린다.
8. 자신을 있는 그대로 존중하라. 스스로를 존중할 줄 아는 사람이 타인도 온전히 품을 수 있다.

English transcription page

그대는 부와 명예와 평판은 가장 많이 얻으려고 애쓰면서도
지혜와 진리, 그리고 자신의 영혼을 최대한 훌륭해지도록 하는 일에는
거의 관심도 기울이지 않고 전혀 생각조차 하지 않다니
부끄럽지 않은가?

> *Are you not ashamed of heaping up the greatest amount*
> *of money and honour and reputation, and caring so little*
> *about wisdom and truth and the greatest improvement of*
> *the soul, which you never regard or heed at all?*

내 마음이 무너지는 걸 모른 채
살아가고 있었다

염세주의

"만사를 비관적으로 보고 항시 최악의 경우를 두려워하며
그에 대한 예방책을 강구하는 자는 항시 사물의 밝은 면을 보고
낙관적으로 생각하는 자에 비해 잘못 셈하는 경우가 적다."

| 아르투어 쇼펜하우어 |

아르투어 쇼펜하우어는 열다섯 살에 부모님과 함께 유럽 여행길에 올랐다. 아버지는 아들이 세계를 넓게 보고 견문을 키우길 원했지만, 소년의 눈에 비친 유럽은 화려한 풍경이 아니라 비참한 현실 그 자체였다. 런던의 거리에는 공장의 노동자들이 병든 얼굴로 일했고, 항구에는 쇠사슬에 묶인 죄수들이 끌려다녔다. 그에겐 이 모든 풍경이 인간이 만든 지옥으로 보였다. 얼마 후 아버지가 갑자기 세상을 떠나자 그는 삶의 행복에 대한 믿음을 완전히 잃었다. 세상은 애초에 고통과 불행을 위한 장소라는 걸 깨달았다.

이러한 경험을 통해 쇼펜하우어는 삶의 본질이 행복이 아니라 고통이라는 사실을 철학적으로 규명하고자 했다. 단순히 세상을 부정적으로 본 게 아니라 낙관주의를 철저히 비판하고 비관주의적 태도를 삶의 실천 전략으로 삼았다. 그래서 우리는 쇼펜하우어를 '염세주의 철학자'라고 부른다.

쇼펜하우어는 낙관주의가 삶에 깃든 위험과 고통을 간과하게 만들기 때문에 우리가 위기 앞에서 쉽게 무너진다고 말했다. 오히려 비관주의야말로 최악의 상황을 예상하고 대비하게 함으로써 문제가 닥쳤을 때 더욱 효과적으로 대처할 수 있다고 주장했다. 따라서 삶에서 고통을 최소화하려면 낙관보다 비관을 선택하고 철저히 대비한다는 것이다.

> 낙관주의 + 기대 = 행복한 것처럼 보이는 삶
> 비관주의 + 대비 = 무너지지 않는 삶

다시 말해 삶을 비관적으로 바라봐야 하는 이유는 고통이 삶의 본질이기 때문이다. 낙관은 때로 현실의 어두운 면을 감추고, 고통과 위험을 은폐한다. 세상은 결코 좋은 일만으로 채워지지 않는데, 낙관적 태도는 우리를 방심하게 만들고 위기에 무방비 상태로 방치한다. 지나친 기대와 환상은 현실과 부딪쳤을 때 더 깊은 상처를 남긴다. 하지만 최악의 상황을 미리 상상하고, 구체적인 대책을 세워두는 사람은 예기치 못한 어려움 앞에서도 흔들리지 않는다. 삶을 냉정하고 담담하게 바라보는 비관적 태도가 오히려 위기 상황에서 무너짐을 막아주고 우리를 단단하게 지켜낸다. 현실을 냉철히 바라보는 것만이 깊은 좌절과 절망에서 나를 지킬 수 있다. 결국 비관주의는 삶을 부정하는 것이 아니다. 삶의 고통을 최소화하고 현실을 냉정하게 바라보는 태도다.

"안 좋은 생각 하지 마, 다 잘될 거야", "힘내, 행복은 마음먹기 달렸어"와 같은 말은 겉보기엔 긍정적이다. 하지만 사실은 어려움에 처한 사람들의 고통을 제대로 인정하지 않고, 오히려 감정을 억누르도록 압박하는 행위일 수 있다. 아픈 사람에게 억지로 웃으라고 하거나, 힘든 사람에게 감정을 조절하라고 다그치는 식이다. 이런 강요된 긍정은 오히려 죄책감과 자괴감만 키울 뿐이다. "나는 왜 남들처럼 밝게 살지 못할까", "내가 약해서 이렇게 불행한 거야"라는 자기비난에 빠지기 쉽다.

쇼펜하우어의 관점에서 보면, 불행하고 힘든 것은 지극히 당연한 일이다. 오히려 잘못된 것은 늘 밝고 행복해야 한다고 강요하는 사회다. 우리가 비관주의를 적당히 받아들이고 "나만 불행한 게 아니라 세상이 원래 이런 거였구나"라는 사실을 깨닫는 것은 얼핏 냉담해 보이지만, 오히려 묘한 안도감을 준다. 이처럼 비관주의는 실패와 불운 앞에서 우리의 정신력을 지키는 전략이자 더 나은 대안을 찾게 만드는 동력이다.

젊을 때는 누구나 세상을 바꾸고 큰 꿈을 이루겠다는 낙관적인 열정에 사로잡힌다. 물론 그런 열정이 발전의 원동력이 되기도 한다. 하지만 나이가 들면서 깨닫는 사실이 있다. 인생은 결코 뜻대로 되지 않는다는 것이다. 습관적으로 기대치를 낮추는 연습을 해보자. 무언가 잘될 거라는 기대가 스멀스멀 올라올 때 일부러 한 걸음 물러서서 '어쩌면 잘 안될 수도 있어'라고 생각하는 식이다. 최악의 상황은 예외적인 일이 아니다. 그러니 너무 놀라지 마라. 다만 현실 앞에서 무너지지 않으려면 기대 대신 대책부터 세워야 한다. 기대하지 말고 준비하라. 하루에 한 번, 예상치 못한 상황을 미리 그려보자.

최악의 상황을 대비하는 5가지 방법

•

1. **실패 일지 쓰기** | 매주 한 번 현재 진행 중인 일이 실패했을 경우를 가정하고, 그 상황에서 무엇을 할지 대응 방안을 구체적으로 적는다. 실패 경로를 미리 그려보면 막상 문제가 닥쳤을 때 덜 무너진다.

2. **손실 목록 만들기** | 새로운 일을 시작할 때 기대 효과보다 잃을 수 있는 것부터 적어본다. 시간, 돈, 신뢰, 체력처럼 사라질 수 있는 자원을 미리 점검하면 낙관적인 착각에 빠지는 것을 막을 수 있다.

3. **매일 1분간 재난 시나리오 묵상하기** | 하루에 한 번, 눈을 감고 자신에게 닥칠 수 있는 최악의 상황을 짧게 상상해본다. 사고, 질병, 실직, 파산 등의 상황을 하나씩 떠올리고 그 상황과 맞닥뜨렸을 때 어떻게 행동할지 마음속으로 미리 점검해본다.

4. **'기대 금지' 문구 붙여두기** | 컴퓨터, 냉장고, 다이어리 등 눈에 잘 띄는 곳에 '기대하지 말고 준비하자'라는 문구를 붙여놓는다. 의욕이 앞설 때마다 이 문장을 보면 기세에 휩쓸리지 않고 마음을 차분하게 다잡는 데 도움이 된다.

5. **가장 가능성 낮은 불행을 위한 플랜 B 세우기** | 실제로 발생할 가능성은 낮지만, 치명적인 결과를 가져올 수 있는 상황을 하나 골라 미리 대책을 세워놓는다. 예컨대 부모 병간호, 갑작스러운 해고, 중요한 데이터 완전 손실 등이 있다.

English transcription page

만사를 비관적으로 보고 항시 최악의 경우를 두려워하며
그에 대한 예방책을 강구하는 자는 항시 사물의 밝은 면을 보고
낙관적으로 생각하는 자에 비해 잘못 셈하는 경우가 적다.

> Those who are pessimistic about everything and always fear the worst and take preventive measures against it will be less likely to miscalculate than those who are always optimistic about the bright side of things.

삶은 오직 하나의 길만 요구하지 않는다

나만의 길 찾기

"우리는 아주 철저하게 현재의 삶만 숭배하고 변화의 가능성은 부인하며 살아간다. '이 길이 유일한 길이야'라고 되뇐다. 하지만 원의 중심에서 반경이 다른 원을 무수히 그릴 수 있듯 길도 얼마든지 있다."

| 헨리 데이비드 소로 |

대부분의 사람은 사회적 기준에서 벗어나면 실패할지도 모른다는 두려움과 불안감을 느낀다. 사회가 정한 성공과 안정된 삶이라는 틀에 자신을 묶어 놓은 탓에, 그 틀 밖으로 단 한 걸음만 나가도 위험하고 불확실한 미래가 기다릴 거라는 착각에 빠진다. 더욱이 자신의 정체성을 잃고 방황할지도 모른다는 막연한 두려움 때문에 새로운 길로 나아갈 용기마저 꺾인다.

"왜 사람들은 현재 걷고 있는 길이 유일하다고 믿을까?"

19세기 미국의 사상가 헨리 데이비드 소로는 하버드 대학을 졸업한 젊은 엘리트였다. 그는 고향 콩코드의 월든 호숫가 숲속에 손수 지은 오두막에서 2년 2개월 2일을 지내며 자급자족 생활을 했다. 그는 "내 인생을 오로지 내 뜻대로 살아보기 위해 숲으로 들어갔다"라고 밝히며, 월든 생활 자체를 하나의 사회 실험이자 정신적 저항으로 삼았다. 다시 말해 그는 세상이 강요하는 한 가지 길만이 아니라, 다양한 삶의 방식이 얼마든지 가능하다는 것을 자신의 삶으로 직접 증명하고 싶었다. 옷을 새로 사거나 유행을 좇는 대신 낡은 옷을 기워 입었고, 식료품점에서 필요한 것을 사 먹는 대신 스스로 농사를 지어 자급자족했다. 도심의 편리함 대신 자연의 불편함과 고독을 선택해도 충만한 삶이 가능하다는 것을 보여주었다.

　소로의 이러한 실험정신은 현대인들에게도 많은 영감을 준다. 우리는 미니멀리즘을 실천하거나 디지털 디톡스를 시도하고, 때로는 도시를 벗어나 자연에서 지내는 등 다양한 삶의 방식을 의식적으로 실험할 수 있다. 이런 실험은 단순히 삶의 방식을 바꾸는 데 그치지 않고, 우리가 걸어온 길을 돌아보며 새로운 방향으로 나아갈 가능성을 열어준다. 삶이란 미리 정해진 정답을 찾아가는 것이 아니라 자신에게 가장 어울리는 삶의 의미를 찾아가는 과정이다. 오류와 실패가 쌓일수록 내 인생의 답은 점점 더 선명해진다.

소로는 또 이렇게 강조했다. "모든 변화는 의미심장한 기적이다. 그리고 그 기적은 시시각각 일어나고 있다." 그가 변화를 기적이라 부른 이유는 우리가 알아차리지 못하는 순간에도 변화가 끊임없이 삶을 새롭게 하고 풍요롭게 만드는 본질적인 힘을 가지고 있기 때문이다. 변화는 얼어붙은 땅을 뚫고 돋아나는 봄의 새싹과 같다. 우리가 미처 알아차리지 못하는 순간에도 생명은 자란다. 오늘의 진리가 내일은 거짓이 될 수도 있다. 그러므로 현재의 삶을 절대적 진리로 믿기보다 변화라는 기적을 기꺼이 받아들이는 태도가 필요하다.

이제 우리는 소로의 자기 실험정신을 일상에서 적극적으로 실천할 필요가 있다. 익숙한 습관을 바꾸고, 때로는 의도적으로 길을 잃어보는 것도 좋다. 다양한 길을 탐색하는 과정에서 우리는 자기 자신을 깊이 있게 이해하고, 삶의 진정한 의미를 마주하게 될 것이다. 소로는《월든》에서 이렇게 말한다.

"우리는 길을 잃고 나서야, 즉 세상을 잃고 나서야 자신이 누구인지 알게 된다. 우리가 지금 어디를 헤매고 있으며 세상과의 관계가 얼마나 무한히 넓어질 수 있는지 깨닫기 시작한다."

지도 없이 항해할 때 비로소 별을 바라보게 된다. 다시 말해 낯선 길 위에서 방황하는 순간이 바로 자기 자신을 발견할 수 있는 가장 값진 경험이다. 우리는 정해진 커리어나 사회적 통념 하나에만 매달려 달리기 쉽다. 하지만 소로는 원의 중심에서 반경이 다른 원을 무수히 그릴 수 있듯 삶의 길 또한 얼마든지 다양하다고 말한다. 당신은 수천 가지 방식으로 삶을 얼마든지 실험해 볼 수 있다.

인생에는 수많은 선택지와 길이 존재하며, 때로는 과감히 기존의 길에서 벗어날 필요가 있다. 안정된 직장을 떠나 새로운 도전을 하거나, 도시 생활에서 벗어나 자연 속에서 지내보는 것이 새로운 자아를 발견하는 계기가 될 수 있다. 중요한 건 길을 잃을지도 모른다는 두려움을 이겨내고 자기만의 지도를 그려나가는 것이다. 정해진 궤도에서 벗어나 자신만의 길을 찾아갈 때 삶의 풍요로운 가능성이 비로소 펼쳐진다. 그리고 당신은 깨닫게 될 것이다. 지금까지의 삶을 이끌어온 건 결국 타인이 아니라 나 자신의 선택이었다는 사실을.

English transcription page

우리는 아주 철저하게 현재의 삶만 숭배하고 변화의 가능성은 부인하며 살아간다. '이 길이 유일한 길이야'라고 되뇐다. 하지만 원의 중심에서 반경이 다른 원을 무수히 그릴 수 있듯 길도 얼마든지 있다.

> So thoroughly and sincerely are we compelled to live, reverencing our life, and denying the possibility of change. This is the only way, we say; but there are as many ways as there can be drawn radii from one centre.

불안은 타인의
시선 속에서 자란다

건강한 자존감

"우리 인생은 짧고, 네 인생도 거의 끝나간다.
하지만 너는 아직도 자신을 존중하지 않고
타인의 혼에서 행복을 찾는구나!"

| 마르쿠스 아우렐리우스 |

오랜 시간 가족을 위해 헌신하며 살아온 사람들은 아이가 성장하면서 일상이 달라질 때, 가정 내에서 자신의 역할이 점점 작아지고 있음을 느낄 때 삶의 중심에서 밀려난 듯한 공허함을 느낀다. 늘 남편과 아이의 반응과 성공에서 행복을 찾아왔기에 더 이상 그들에게 필요하지 않게 된 지금, 자신의 존재 이유마저 흔들리는 것이다. 지난 10여 년간 자신보다 가족을 우선시하다 보니 정작 자기 자신은 늘 뒤로 밀려나 있었다. 그런데 그 모든 외부의 기준이 사라지면 '나는 누구인가?'라는 질문이 문득 떠오른다. 바로 그 순간 내 삶의 주도권을 타인의 기대에 넘

겨준 채 살아왔다는 사실이 선명히 드러나면서 불안이 덮쳐온다.

"왜 나는 늘 타인에게서 행복을 구하는 걸까?"

그것은 자기 내면에서 만족을 찾는 법을 제대로 배우지 못했기 때문이다. 자기 내면의 기준이 약할수록 우리는 외부의 시선에 더 쉽게 흔들리고, 그 시선을 기준 삼아 자신을 판단하고 비난한다. 자기 내면의 기준이 약하다는 것은 무엇이 옳고 그른지, 자신이 진정 원하는 것이 무엇인지 정확하게 알지 못하고, 스스로 확신하지 못한다는 뜻이다. 자신을 있는 그대로 존중하지 못하면 타인의 평가에 기대어 끊임없이 흔들리게 된다.

물론 나의 모든 면을 사랑할 필요는 없다. 누구나 자신의 모습 중에서 마음에 드는 면과 그렇지 않은 면이 있다. 특히 탐욕, 질투, 이기심, 비겁함과 같은 부정적인 면은 받아들이기가 쉽지 않다. 그렇다고 이런 모습을 수치스럽게 여기며 자신을 비난하고 질책하면 결국 자기혐오로 이어진다. 자신을 존중해야 한다. 부정적인 내면의 목소리가 들릴 때면 이렇게 자문해보자. "나 자신을 비난한다고 해서 달라지는 게 있을까?" 자기비난은 자신을 더 깊은 수렁으로 빠뜨릴 뿐이다. 주변 사람들이 "아주 좋아", "훌륭해"라고 말해줘야 비로소 안심하고 자신을 사랑할 수 있다면 타인의 평가가 바뀔 때마다 쉽게 무너질 수밖에 없다.

누군가의 기억 속에 남는다는 건 분명 기분 좋은 일이지만, 그것이 인생의 본질은 아니다. 중요한 것은 누군가에게 기억되는 삶이 아니라 스스로 자기 자신을 기억할 수 있을 만큼 충실히 살았느냐다. 마르쿠스 아우렐리우스는 《명상록》에서 이렇게 말한다.

"기억하는 자가 되든, 기억되는 자가 되든 모든 것은 하루살이일 뿐이다."

인생은 어찌 보면 하루살이처럼 짧고 덧없다. 타인의 기억이나 평가는 결국 사라지기 마련인데, 그 허망한 것에 집착하는 한 불안과 공허에서 벗어날 수 없다. 우리는 흔히 타인의 인정과 평가에서 행복을 찾으려 하지만, 이는 결국 타인에게 내 운명을 맡기는 꼴이다.

마르쿠스 아우렐리우스는 타인의 시선에 지나치게 의존하는 사람들을 이렇게 비판한다. "너는 아직도 자신을 존중하지 않고 타인의 혼에서 행복을 찾는구나!" 행복을 타인의 혼이 아닌 자신의 혼에서 찾아야 한다는 의미다. 타인의 칭찬이나 비난에 흔들리는 이유는 낮아진 자존감에 있다. 건강한 자존감을 회복하기 위해 먼저 자신을 존중하는 법을 배워야 한다. 자기 자신을 제대로 존중하지 않고 타인의 혼에 나의 행복을 맡기는 한, 결코 자유롭거나 안정적일 수 없다. 행복의 주도권을 타인이 아니라 나 자신으로 되찾아와야 한다. 오직 자기 내면의 가치와 확신에 따라 살아갈 때 비로소 흔들리지 않는 행복을 얻을 수 있다.

English transcription page

우리 인생은 짧고, 네 인생도 거의 끝나간다.
하지만 너는 아직도 자신을 존중하지 않고
타인의 혼에서 행복을 찾는구나!

> *Everyone gets one life. Yours is almost used up, and instead of treating yourself with respect, you have entrusted your own happiness to the souls of others.*

괴물을 마주할 때
더욱 나를 지켜야 한다

내 안의 그림자와 마주하기

> "괴물과 싸우는 자는 그 과정에서 자신이 괴물이 되지 않도록
> 조심해야 한다. 그리고 네가 오래도록 심연을 들여다보고 있다면
> 심연도 그 안에서 너를 들여다본다."
>
> | 프리드리히 니체 |

표도르 도스토옙스키의 《죄와 벌》에서 젊고 빈곤한 대학생인 주인공 라스콜니코프는 고리대금업자인 노파를 살해하기로 결심한다. 그는 인간을 두 부류로 나누었다. 법과 도덕에 묶여 살아가는 평범한 자들과, 위대한 목적을 위해 그 경계를 넘어설 수 있는 비범한 자들이다. 라스콜니코프는 자신이 과연 비범한 인간인지 시험하기 위해 도끼를 들고 노파의 집으로 향한다. 그 순간까지 라스콜니코프는 정의라는 신념에 사로잡혀 있었다. 그러나 살인을 저지른 직후부터 그 확신은 서서히 무너지기 시작했다. 애초 그가 꿈꾸었던 명예로운 승리감이나 세상을

바꾼다는 고귀한 쾌감은 어디에도 없었다. 대신 그 자리를 메운 것은 숨 막히는 죄의식과 공포, 그리고 끝없이 이어지는 악몽이었다. 그는 결국 이렇게 고백한다.

"나는 사람을 죽인 것이 아니라 원칙을 죽인 것이다! 나는 원칙을 죽였지만 도저히 그것을 뛰어넘을 수가 없어서 아직 이쪽에 남아 있는 것이다…. 다만 죽일 줄만 알았을 뿐이다. 아니, 그것조차도 제대로 하지 못한 것으로 드러났다…."

노파의 창백하고 굳은 얼굴이 환영처럼 나타나 그를 괴롭혔다. 그는 자신이 증오했던 그 얼굴이 점점 자신의 얼굴로 바뀌는 환상을 끊임없이 겪었다. 라스콜니코프는 그 환영이 자신이 살해한 노파가 아니라, 자신 내부에 숨겨져 있던 괴물과 싸우는 것임을 점점 더 분명히 깨닫게 된다. 이제 그는 자신의 내면이라는 더 깊고 어두운 심연을 들여다보지 않을 수 없었다. 그리고 그 심연 역시 그의 내부 가장 밑바닥에서 그를 집요하게 응시했다.

니체는 《선악의 저편》에서 "괴물과 싸우는 자는 그 과정에서 자신이 괴물이 되지 않도록 조심해야 한다"고 말한다. 여기서 괴물이란 외부에서 우리를 위협하는 어떤 존재가 아니라 자기 내면에서 자라난 감정의 어두운 얼굴이다. 분노, 질투, 미움, 슬픔을 억누르고 외면할수록 그 감정들은 무의식 속에서 괴물로 자란다. 결국 자신도 모르는 사이에 가장 싫어하는 모습으로 변할 수 있다.

칼 융의 분석 심리학에서는 이러한 내면의 괴물을 '그림자Shadow'라고 부른다. 그림자는 자아가 받아들이기 힘든 어둡고 부정적인 감정들이다. 사람들은 흔히 자신의 그림자를 타인에게 투사한다. 투사란 받아들이기 힘든 감정을 타인의 문제로 돌려버리는 심리적 방어기제다. 예를 들어 이유 없이 누군가에게 불편함이나 혐오감을 느낀다면 그 감정의 뿌리는 사실 자신에게 있다. 투사를 통해 타인을 비난하는 일은 쉽지만, 내 안의 그림자를 인정하고 마주하는 일은 결코 쉽지 않다.

"당신의 내면에 있는 억압된 그림자는 무엇인가?"

라스콜니코프의 살인은 억압받고 무시당한 내면의 어둠, 파괴적인 욕망과 증오, 억눌린 죄의식과 비참한 열등감이 폭발한 것이었다. 결국 그가 도끼로 죽인 것은 고리대금업자 노파가 아니라 내면 깊숙이 숨어 있던 자신의 그림자였다. 자신의 그림자와 마주하는 일은 불쾌하고 두렵다. 그렇다면 우리는 어떻게 그림자의 부정적인 힘을 다스려 긍정적인 방향으로 바꿀 수 있을까?

우선 자신 안의 그림자를 외면하거나 부정하지 않는 태도가 필요하다. 분노나 질투, 우울감이 찾아올 때 그 감정 자체를 밀어내지 말고 조용히 응시해야 한다. "이 감정은 왜 지금 내게 왔을까?", "이 감정이 내게 진짜로 원하는 건 뭘까?" 하고 물으며 내면에서 들려오는 소리에 귀를 기울여야 한다. 감정을 무조건 억누르면 오히려 그 힘은 커지고, 끝내 통제할 수 없는 괴물이 된다.

다음으로 감정의 언어를 배워야 한다. 불편한 감정을 느낄 때 그것을 정확한 언어로 표현해보는 연습을 해본다. 말과 글로 감정을 드러내는 순간 그림자는 더 이상 나를 지배하지 못한다. 예를 들어 "기분 나빠"라고 말하기보다 '지금 나는 외롭다', '나는 지금 무시당했다고 느낀다', '나는 지금 질투를 느끼고 있다'처럼 감정의 이름을 정확히 표현하는 식이다. 명확한 언어로 이름 붙인 감정은 더 이상 괴물이 아니라 다스릴 수 있는 내면의 일부가 된다.

마지막으로 그림자를 삶의 자연스러운 일부로 받아들여야 한다. 누구나 자기만의 그림자를 지니고 있다. 중요한 것은 그림자를 없애려고 싸우는 것이 아니라 함께 살아가는 법을 배우는 일이다. 그러면 내면의 그림자는 나를 파괴하는 괴물이 아니라 나를 강하고 창조적인 존재로 이끄는 에너지로 변모한다. 융은 그림자를 어둡고 부정적인 존재로만 보지 않았다. 그림자는 창조성과 성장을 위한 잠재적 에너지도 담고 있다. 그림자를 인정하고 받아들일 때 우리는 내 안의 창조적 힘과 마주하게 된다.

니체가 말한 괴물은 바로 내 안에 숨은 그림자의 얼굴이다. 결국 우리가 싸워야 할 진짜 대상은 밖에 있는 누군가가 아니라 오래 외면해 온 내 안의 그림자다. 내 안의 그림자를 인정하고 받아들일 때 온전한 나 자신으로 살아갈 수 있다. 하지만 중요한 것은 심연을 오래 응시하지 말아야 한다는 점이다. 슬픔이나 분노, 우울 같은 감정에 너무 오래 머물면 자신도 모르게 그 어두운 감정에 물들어버린다. 니체가 말했듯 심연을 오래 들여다보면 그 심연도 우리를 바라본다. 그러니 부정적인 감정이 올라올 때 휘둘리지 말고 적당한 거리를 두어야 한다.

지금 당신의 감정은 어떠한가? 화가 나거나 원망스러운가? 아니면 우울한가? 그렇다면 그 감정을 한 발짝 떨어져서 바라보라. 그 감정이 어디에서 비롯되었는지, 내가 진정으로 원하는 것이 무엇인지 조용히 자신에게 물어라. 감정은 거부할수록 더욱 강력해진다. 외면하지 말고 차분히 바라볼 때 감정은 더 이상 당신을 지배하지 못한다. 감정의 주인은 다름 아닌 당신 자신이다.

English transcription page

괴물과 싸우는 자는 그 과정에서 자신이 괴물이 되지 않도록
조심해야 한다. 그리고 네가 오래도록 심연을 들여다보고 있다면
심연도 그 안에서 너를 들여다본다.

> *He who fights with monsters should be careful lest he thereby become a monster. And if you gaze long into an abyss, the abyss also gazes into you.*

불행은 과로가 아니라
불안에서 시작된다

불안의 본질

"사람을 상하게 하는 것은 과로가 아니라
특정한 종류의 걱정이나 불안이다."

| 버트런드 러셀 |

사는 게 참 피곤하고 힘들다. 미처 깨닫지 못하는 사이에 내 마음을 지치게 만드는 것들이 너무도 많다. 그중에서 우리를 갑자기 옴짝달싹하지 못하게 만드는 것은 바로 '불안'이다. 걱정과 불안은 우리가 전혀 예상치 못한 순간에 아무런 예고 없이 찾아온다. 지극히 일상적인 순간, 아무런 문제가 없다고 느끼던 순간에 갑자기 원인을 알 수 없는 불안과 초조함이 찾아와 나를 뒤흔든다.

익숙한 풍경이 갑자기 낯설고 불길하게 다가오는 순간에 대해 말하려 한다. 노르웨이 표현주의 화가 에드바

르트 뭉크가 〈절규〉에서 포착한 바로 그 순간이다. 어느 날 저녁, 뭉크는 친구들과 함께 평소처럼 노르웨이 오슬로 근처의 피오르드를 산책하고 있었다. 해가 저물어가던 그 순간 그는 예기치 못한 압도적 공포에 사로잡혔다. 뭉크는 소리를 지르며 절규하는 자신의 내면적인 고통을 캔버스에 담았다. 작품 속의 인물은 두 손으로 귀를 막은 채 괴로움을 온몸으로 표현한다. 인물 뒤로 굽이치는 붉게 노을 진 하늘과 검푸른 해안선은 공포에 떨고 있는 인물의 불안한 감정을 나타낸다. 하지만 뒤에 보이는 두 명의 사람은 무심하게 걷고 있다.

불안이 갑자기 찾아올 때 우리는 무방비 상태가 된다. 심장이 갑자기 빠르게 뛰고 숨이 가빠지며, 가슴이 답답한 느낌이 든다. 땀이 나거나 현기증이 나고, 때로는 손이 떨리거나 몸에 힘이 빠지기도 한다. 불안이 엄습하면 그 자리에 얼어붙어 아무것도 하지 못하거나, 반대로 안절부절못하며 쉴 새 없이 움직이게 된다. 버트런드 러셀은 《행복의 정복》에서 걱정과 불안을 느끼는 근본적인 원인을 아래와 같이 진단한다.

1 **감성적인 피로** | 늘 긴장하고 사소한 일에도 감정적으로 반응하는 생활을 반복하면 신경이 끊임없이 혹사당한다. 이런 감성적

인 피로가 누적될 때 사람은 작은 문제나 불확실한 상황에서도 쉽게 불안을 느끼게 된다.
2. **지나친 자기중심적 태도** | 스스로를 특별한 존재로 여기며 자신에게만 몰두하면 작은 문제나 비판에도 쉽게 상처받고 불안해진다.
3. **불안과 두려움을 회피하거나 억압하기** | 불안을 외면하거나 억압하면 오히려 그 감정은 더 커지고 힘을 갖게 된다.

가슴 아픈 일이지만 불안은 우리가 통제할 수 없는 압도적인 무력감을 느끼게 만든다. 불안이 지속되면 삶의 즐거움과 행복이 사라지고, 자기 자신에 대한 신뢰와 자신감도 무너진다. 또 어떤 결정을 내리는 것을 두렵게 만들고, 새로운 도전이나 변화를 회피하게 만든다. 결국 삶의 폭이 점점 좁아진다. 여기서 한 가지 중요한 사실이 있다. 불안은 오히려 친밀감이 생기면 그 두려움의 칼날이 무뎌진다. 그래서 러셀은 이렇게 말한다.

"모든 종류의 두려움을 극복하는 올바른 방법은 이성적으로 침착하게, 그러나 매우 집중적으로 그 두려움에 대해 생각하는 것이다."

혹시 당신도 지속적 불안에 시달리고 있는가? 불안과

두려움으로 인해 어떤 즐거운 일도, 사람들과의 교류도 부담스러운가? 불치병, 상실, 좌절, 슬픔 같은 좋지 않은 감정들이 닥칠 때마다 불안과 두려움은 더욱 강해진다. 이때 두려움을 피하려고 시선을 돌리면 오히려 두려움은 더 커진다.

예를 들어 매일 밤 침대에 누워도 내일 있을 사소한 발표 때문에 잠을 이루지 못하면 불안에 시달릴 수 있다. 회사에서 한 사소한 실수가 머릿속에서 떠나지 않으면 신경이 쇠약해질 수도 있다. 겉보기엔 회사에서 탄탄하게 자리 잡고 있지만, 후배가 두각을 드러낼 때마다 속으로 질투와 초조를 느낄 수 있다. 평소 타인의 시선을 개의치 않는다고 자신하지만, 다른 사람이 나를 험담했다는 소문 하나에 쉽게 무너진다. 더욱이 요즘 같은 투자 열풍 속에 남들 다하는 주식이나 부동산 재테크를 따라가지 않으면 뒤처질 것 같아 불안해진다.

우리는 두려움을 쉽게 물리치지 못한다. 그래도 괜찮다. 두려움은 언제나 곁에 있겠지만, 그것은 온전히 내가 되지는 않는다. 두려움은 어쩌면 자신을 더 사랑하기 위한 자연스러운 감정일지도 모른다. 불안 앞에서의 선택은 당신의 몫이다. 불안의 소용돌이에 휘말릴 것인가, 아니면 그것을 넘어 평온한 삶으로 나아갈 것인가. 걱정에

끌려가지 말고 이겨내라. 러셀이 제시한 불안과 걱정을 예방하고 줄일 수 있는 다섯 가지 지혜를 소개한다.

1. 지나치게 고민하지 않는다. 고민해도 효과가 없는 경우에는 아예 다른 생각을 하자.
2. 일단 고민해서 결정을 내렸다면 새로운 사실이 드러나지 않는 한 번복하지 않는다. 망설임만큼 삶을 불안으로 채우는 쓸데없는 것도 없다.
3. 걱정하는 일이 사실은 그리 대단하지 않음을 깨닫는 것만으로도 많은 걱정을 줄일 수 있다. 당신의 행동은 생각만큼 중요하지 않을 수 있다.
4. 불행이 닥치면 일어날 수 있는 최악의 경우를 생각한다. 그러고 나면 아무리 최악의 상황이 닥쳐도 생각보다 끔찍하지 않고, 언제나 그럴 만한 이유를 찾게 된다.
5. 지나치게 신경을 자극하고 소모하는 과도한 쾌락에 빠져들지 말자. 특정 대상에만 강하게 집착하면 결국 신경이 지치고 피로가 쌓여 불안을 초래한다.

English transcription page

사람을 상하게 하는 것은 과로가 아니라
특정한 종류의 걱정이나 불안이다.

> *The harm that is attributed to overwork is hardly ever due to that cause, but to some kind of worry or anxiety.*

역경은 우리를
우리에게로 데려온다

내 안으로의 여정

"역경은 우리로 하여금 자기 자신에게로 되돌아가게 만든다.
아마도 바로 그것이, 대부분의 사람들에게 역경을 가장
견디기 어렵게 만드는 것이다."

| 장 자크 루소 |

18세기 계몽주의 시대, 장 자크 루소는 스위스 제네바에서 태어나 자유와 평등을 외친 사상가였다. 그는 《사회계약론》에서 주권은 국민에게 있고, 모든 사람은 태어날 때부터 자유롭다고 주장했다. 《에밀》에서는 교육이 인간을 자유로운 존재로 길러야 한다고 말했다. 당시 급진적인 이 사상은 곧바로 체제와 교회에 의해 위험한 사상으로 낙인찍혔다. 그의 책은 금서로 묶였고, 그는 고소와 추방을 거듭 당했다.

군중의 반응도 잔혹했다. 한때 환호하며 그를 영웅으로 떠받들던 대중은 곧 비난과 조롱으로 돌아섰다. 동료

계몽사상가들과의 갈등도 깊어져 루소는 끝내 고립되었다. 사회가 약속한 평등은 허상일 뿐 권력은 자유를 억압하는 도구로 쓰이고 있었다. 바로 이 역사적 상황이 루소를 고독과 역경으로 내몰았다.

루소에게 역경은 사회와의 충돌, 군중의 배척, 가까운 이들과의 단절 속에서 찾아왔다. 그렇다면 당신에게 역경은 언제 찾아왔는가. 안정이 무너졌을 때였는가, 관계가 흔들렸을 때였는가, 아니면 신념을 지키려다 세상과 맞섰을 때였는가.

역경은 삶이 우리에게 던지는 불편한 질문이다. 내가 믿고 의지하던 신념의 토대가 깨질 때, 익숙한 관계가 떠나갈 때, 세상의 질서와 내가 충돌할 때 역경이 찾아온다. 그것은 단순한 사건이 아니라 우리가 누구인지 되묻는 순간이다.

문제는 역경이 닥치면 대부분의 사람은 흔히 혼란과 두려움에 빠진다. 모든 것이 끝났다고 느끼고, 억울함과 분노에 사로잡힌다. 때로는 자기 부정과 무가치감 속에 주저앉는다. 안정은 무너지고, 길은 보이지 않는다. 바로 그 상태가 역경이 처음 우리에게 드리우는 그림자다. 루소 역시 《고독한 산책자의 몽상》에서 이렇게 말했다.

"나는 나 자신에게 완전히 낯선 존재가 되었다. 그러하여 끊임없는 마음의 동요 속에서 인간사의 모든 덧없음을 경험했다."

역경이 찾아오면 자기 자신이 낯설게 느껴진다. 여기서 '낯설다'라는 것은 바로 기존의 자기 이미지가 부서지고, 새로운 시선으로 자신을 바라보게 되는 상태를 말한다. 그 순간의 나는 더 이상 익숙했던 과거의 내가 아니다. 당신 역시 낯섦을 경험한 적이 있을 것이다. 소란스러운 세상 속에서 정신을 차리기 어렵고, 고통과 절망에 둘러싸여 죽을 지경에 이를 정도로 힘겨웠던 적이.

지금까지 당신은 주위 사람들로부터 존중과 사랑을 당연한 듯 받아왔다. 그런데 하루아침에 모든 것이 바뀐다. 환호하던 사람들이 등을 돌리고, 가까웠던 이들마저 낯선 얼굴로 돌아선다. 이유조차 모른 채 당신은 괴물처럼 취급된다. 그 순간 당신은 세상뿐 아니라 자기 자신에게조차 낯설게 느껴진다. 루소는 이런 역경이 찾아올 때 우리는 우리 자신에게 돌아간다고 말한다.

가까운 이들의 지지가 모두 사라지면 기대어 설 자리가 없다. 세상 어디에도 의지할 곳이 없다면 그때 남는 건 오직 자기 자신뿐이다. 역경과 절망을 견디려면 결국 내 안에서 힘을 찾아야 한다. 이처럼 역경은 우리를 외부가 아닌 자기 자신에게로 데려간다.

역경이 운명처럼 다가온 순간은 내 안으로의 여정을 떠날 때다. 하루하루가 절망적인 삶은 아이러니하게도 '다시는 다른 절망을 원하지 않는다'라는 자각으로 이어진다. 바로 그 점에서 역경은 우리에게 살아야 할 이유를 환기시킨다.

만약 지금 당신이 역경과 시련 속에 있다면 많이 지쳐 있을 것이다. 점점 야위어가고 미소조차 지을 수 없을지도 모른다. 눈물을 보이지 않아도 안다. 얼마나 고통스러운지. 처음 역경이 들이닥쳤을 때 공포로 얼마나 두려워했던가. 하지만 그 고통의 시간을 통과하는 동안 당신은 진정한 자기 자신과 마주하게 된다. 초라하게 남은 과거의 나를 떠나보내는 당신에게 루소는 이런 위로의 말을 전한다.

"그렇지만 나는 여전히 그렇게 살고 있으며, 그 어느 때보다 칩거하고 있다. 그리고 그런 삶에서도 평화와 고요를 찾아 행복하고 평온하다."

English transcription page

역경은 우리로 하여금 자기 자신에게로 되돌아가게 만든다.
아마도 바로 그것이, 대부분의 사람들에게 역경을 가장 견디기
어렵게 만드는 것이다.

> *Adversity forces us to this turning in on ourselves; and that is perhaps what renders it most unbearable for the greater part of men.*

미래만 보다
현재를 놓친다

현재의 의미

"미래만 주시하면서 앞으로 다가올 결과에 따라
현재의 의미가 결정된다고 생각하는 버릇은 위험하다.
각각의 부분이 가치가 없다면
그 부분들이 모여 이루어진 전체 역시 가치가 없다."

| 버트런드 러셀 |

    삶은 종종 결과에 따라 현재의 의미가 달라진다. 목표를 성공적으로 이루고 나면 그동안의 고통과 노력이 값진 과정으로 바뀐다. 안타깝게도 실패하면 그 모든 과정은 허무하고 쓸모없는 시간으로 남는다. 과정은 같아도 결과에 따라 현재의 의미가 한순간에 뒤바뀌는 기이한 현상이 나타난다.

    빈센트 반 고흐의 삶은 결과에 따라 의미가 완전히 달라지는 극명한 사례다. 그는 평생 가난과 외로움 속에서 그림을 그렸지만, 살아 있는 동안 인정받지 못했다. 그가 생전에 판매한 그림은 단 한 점뿐이었고, 동생 테오의

지원 없이는 생계를 유지할 수도 없었다. 반 고흐는 테오에게 보낸 편지에서 이렇게 말한다.

"너 하나만이라도 내가 원하는 전체 그림을 보게 된다면, 그 그림에서 마음을 달래주는 느낌을 받게 된다면… 나를 먹여 살리느라 너는 늘 가난하게 지냈겠지. 네가 보내준 돈은 꼭 갚겠다. 안 되면 내 영혼을 주겠다."

《영혼의 편지》중에서

처절한 삶을 보낸 반 고흐였지만 사후에 상황이 완전히 뒤바뀐다. 그의 죽음 이후 테오의 아내 요한나는 고흐가 남긴 편지와 그림을 세상에 알리기 위해 애썼다. 노력이 통한 걸까. 점차 예술계와 대중은 반 고흐의 작품에 숨겨진 천재성을 발견했고, 몇십 년이 지난 후 반 고흐는 미술사상 가장 위대한 화가 중 한 명으로 추앙받기 시작했다. 그런데 결과가 바뀌었다고 해서 반 고흐의 삶 전체의 의미까지 뒤바뀐 것일까?

우리는 고통에 그 어떤 의미도 부여할 수 없을 때 그것을 감내하기 어렵다. 그런 의미에서 버트런드 러셀은 《행복의 정복》에서 "미래만 주시하면서 앞으로 다가올 결과에 따라 현재의 의미가 결정된다고 생각하는 버릇은 위험하다"고 말했다. 차분히 생각해보면 사람들은 고된 삶의 의미를 단순히 목표를 위한 수단으로 여긴다. 하지만 삶은 본래 아무런 의미를 지니지 않는다. 우리가 매 순간 삶에서 의미를 찾고 의미를 부여할 때만 가치 있는 삶이 되는 것이다. 러셀이 말한 것처럼 삶의 각각의 부분이 가치가 없다면, 그 부분들이 모여 이루어진 삶 전체 역시 가치가 없는 것이다.

예를 들면 이렇다. 시험을 준비하는 사람의 입장에서 보면 시험의 합격이 목적이지 공부 자체가 목적은 아니다. 만약 시험에 불합격한다면 그동안 준비한 과정이 헛된 것이 되어버렸다는 생각이 들 수 있다. 하지만 시험 결과를 떠나 공부 자체를 자신을 성장시키는 의미 있는 경험으로 여긴다면 어떤 결과가 나와도 후회하지 않는다. 물론 그렇게 생각하기란 쉽지 않다. 반 고흐가 죽기 전 테오에게 마지막으로 쓴 편지에 이런 글귀가 있다.

"그래, 정말 우리 화가들은 자신의 그림을 통해서만 말할 수 있는 것 같다. (……) 하지만 최악의 상황에도 그 그림들은 남아 있을 것이다."

우리가 성장하지 못하는 까닭은 삶의 의미를 스스로 발견하지 못하기 때문이다. 삶 그 자체로 향하는 무수한 길을 찾아내는 일이야말로 변하지 않는 진정한 삶의 목적이다. 바로 이것이 당신에게 하고 싶은 말이다. 그러니 결과 하나에 매여 자신의 노력이 헛되었다고 평가하지 말자. 반 고흐가 세상이 자신의 그림을 인정하지 않았음에도 포기하지 않고 매 순간 최선을 다해 위대한 작품을 남겼던 것처럼 말이다. 잠시 목적을 잃었다고 해서 내 존재의 이유까지 사라졌다고 슬퍼할 필요는 없다. 거짓된 희망 앞에 서 있을 때는 그 순간마다 용기를 내어 말해야 한다. 목적이 사라진 빈자리에도 나는 여전히 존재한다. 그 존재 자체만으로 이미 충분하다.

English transcription page

미래만 주시하면서 앞으로 다가올 결과에 따라 현재의 의미가 결정된다고 생각하는 버릇은 위험하다. 각각의 부분이 가치가 없다면 그 부분들이 모여 이루어진 전체 역시 가치가 없다.

> *The habit of looking to the future and thinking that the whole meaning of the present lies in what it will bring forth is a pernicious one. There can be no value in the whole unless there is value in the parts.*

Chapter 2

왜
나는
타인을 위해
살고 있는가

나를 둘러싼
인간관계에
관하여

타인의 삶을
내 방식으로 대하지 마라

존중과 차이

◆─────────────────────────────◆

"새는 어지럽게 둘러보며 근심하고 슬퍼하다가
고기 한 점도 먹지 않고 술 한 잔도 마시지 못해 사흘 만에 죽었다.
이것은 자기 방식으로 새를 기르려고 한 것이지,
새의 방식으로 기른 것이 아니다."

| 장자 |

장자는 《장자》 외편 〈지락〉 편에서 바닷새 이야기를 전한다. 노나라 군주가 바닷가에서 한 마리 바닷새를 발견해 궁으로 데려왔다. 그는 제사에 쓰는 귀한 고기와 향기로운 술을 차려내고, 연주자들을 불러 풍악을 울리게 했다. 화려한 잔치를 열어 새 앞에 내놓으며 그것이 최고의 환대라 믿었다.

그러나 새는 어리둥절한 채 고기 한 점도 먹지 않았다. 사람의 음식은 낯설고 두려웠으며, 음악은 즐거움이 아니라 괴로운 소음이었다. 낯선 궁전에서 새는 날개를 접고 웅크린 채 힘을 잃어갔다. 숲과 강에서 미꾸라지와 피라미를 잡아먹고, 무리와 어울려 자유롭게 날던 바닷새에게 남은 것은 오직 두려움뿐이었다. 결국 새는 며칠을 버티지 못하고 사흘 만에 끝내 숨을 거두었다.

시간이 흐르고 나서야 내가 했던 말과 행동이 상대에게 얼마나 깊은 상처였는지 깨닫게 될 때가 있다. 그때 나는 사랑을 뜨겁게 타오르는 감정이라 여겼다. 그래서 마음을 숨김없이 드러내고, 내가 옳다고 믿는 방식으로만 다가갔다. 그러나 그 뜨거움은 상대에게 무거운 짐이 되었고, 내 진심은 오히려 상처로 남았다. 지금의 나는 안다. 사랑은 불꽃이 아니라 상대와 함께 쌓아 올리는 무게라는 것을.

우리는 왜 사랑을 시작하는 순간에는 보지 못하고, 지나간 뒤에야 깨닫게 될까? 관계 속에서 가장 중요한 건 지금 눈앞의 타인을 제대로 보는 일인데, 왜 우리는 끝내 자기 방식만 고집하다가 뒤늦은 후회에 머무르는가.

"왜 나는 늘 타인을 나의 방식으로만 대하려 할까?"

노나라 군주는 바닷새가 먹고 마시는 방법대로 대접하지 않고, 자신의 방식대로 대접했다. 만약 군주가 눈에 보이는 것에만 매달리지 않고 새의 마음을 헤아렸다면 이야기는 달라졌을 것이다. 하지만 그는 사흘이 지나도록 새가 두려워하고 슬퍼하는 것을 보지 못했다. 이는 자기 방식으로 새를 기르려고 한 것이지, 새의 방식으로 기른 것이 아니다.

진정한 관계는 나와 너의 차이를 인정하는 데서 시작된다. 그러나 우리는 그 차이를 인정하기보다 내 기준으로 덮어씌운다. 내가 옳다고 믿는 생각과 습관을 강요하고, 내가 편한 방식으로만 관계를 이어가려 한다. 사랑이란 이름으로 커다란 유리관에 갇힌 타자는 더 이상 하나의 고유한 존재가 아니라 내가 만든 틀에 맞추어야 하는 대상으로 전락한다. 그렇게 숨이 조인 타자는 끝내 숨을 거두고 만다.

사랑하고 있다면 사랑받는 사람에 대해 끊임없이 관심을 기울여야 한다. 그러기 위해서는 내가 원하는 방식으로 상대를 재단하지 말고, 그가 아무런 의지나 감정이 없는 인형이 아님을 인정해야 한다. 생텍쥐페리는 《어린 왕자》에서 이렇게 말했다.

"오로지 마음으로 보아야만 잘 보인다는 거야. 가장 중요한 건 눈에 보이지 않는단다."

사랑하게 되면 우리는 그 누구보다 상대를 잘 안다고 착각한다. 관계에서 필요한 것은 기다리는 시간이다. 그런데 그 기다림이 내 방식만 고집하는 과정에 머물러서는 안 된다. 사랑은 서로를 길들여가는 과정이며, 차이를 인정하고 존중하는 일이다. 그러려면 마음의 눈으로 상대를 바라보아야 한다. 관계에서 중요한 건 지속되는 시간 속에서 상대의 마음을 읽고, 내 방식을 내려놓는 일이다.

English transcription page

새는 어지럽게 둘러보며 근심하고 슬퍼하다가
고기 한 점도 먹지 않고 술 한 잔도 마시지 못해 사흘 만에 죽었다.
이것은 자기 방식으로 새를 기르려고 한 것이지,
새의 방식으로 기른 것이 아니다.

> *The bird looked round distractedly, was uneasy and melancholy, and did not venture to eat or drink. In three days it died. This was feeding it according to the manner of men, and not according to the manner of birds.*

좋은 관계는
삶의 온도를 높인다

따뜻한 관심

"근본적인 행복은 무엇보다 인간과 사물에 대한
따뜻한 관심에서 비롯된다."

| 버트런드 러셀 |

"당신이 생각하는 좋은 관계란 어떤 것입니까?" 이런 질문을 받는다면 아마 말없이 서로의 눈빛을 읽고, 알아서 서로 잘해주는 관계를 떠올릴 것이다. 생텍쥐페리는 《인간의 대지》에서 '사랑한다는 것은 서로가 서로를 바라보는 것이 아니라 같은 방향을 함께 바라보는 것'이라고 말한다. 잠시 이 말을 천천히 곱씹어보자. 같은 방향을 바라본다는 것은 무엇을 의미할까? 상대에게 잘 보이기 위해 하는 착한 태도나 친절함만으로는 절대 좋은 관계가 만들어지지 않는다. 왜 그럴까? 관계의 중심을 서로가 아닌 자기 자신에게 두기 때문이다. 착한 행동은 종종 인정

받고 싶은 욕망에서 출발하며, 친절 또한 때로 갈등을 회피하려는 수단이 되기도 한다. 따라서 진정한 관계는 삶의 가치와 지향점이 일치하는 데 있다. 생텍쥐페리가 말한 '같은 방향'이란 삶의 의미, 꿈 그리고 세계에 대해 공유하고 이해하는 것이다. 서로 바라보기만 하면 결국 실망하거나 지칠 수밖에 없지만, 함께 바라보는 지향점이 있다면 힘겨운 순간에도 서로에게 힘이 되어줄 수 있다.

어릴 때부터 우리는 수도 없이 많은 사람들로부터 "착하게 살아야 한다"라는 말을 들어왔다. 착한 사람이 되어야 한다는 가르침이 마치 당연한 진리처럼 받아들여졌다. 하지만 어느 순간 착하게 사는 것이 오히려 자기 자신을 힘들게 만든다고 느끼기 시작한다. 과연 착하게 살아도 되는 걸까. 착하게 사는 것이 진정 좋은 관계를 가져다줄까. 막상 착하게 살다 보면 왜 나만 손해보는 기분이 드는 걸까.

영화 〈미쓰 홍당무〉에서 주인공 양미숙(공효진 역)은 한 학생에게 이렇게 말한다.

"너 착하게 살지 마라. 그럼 사람들이 너한테 못되게 군다? 그런데 니가 못되게 굴잖아? 사람들이 너한테 착하게 굴어."

양미숙은 늘 착하게 살고자 노력했지만, 정작 사람들은 그녀의 친절을 오해하고 외면한다. 주변의 인정과 관심을 얻으려 애쓸수록 그녀의 얼굴은 홍당무처럼 붉게 달아오른다. 양미숙이 학생에게 한 조언이 비뚤어져 보일 수 있다. 하지만 세상은 자신의 이익만 챙기는 데 급급한 사람들이 넘쳐난다. 내가 아무리 착하게 굴어도 상대방이 그것을 나의 약점으로 이용하거나 만만한 호구쯤으로 생각할 때가 많다. 그런데 그녀가 진짜 바랐던 건 그런 사람들 틈 속에서도 가끔은 믿을 수 있는 진심 어린 관계가 아니었을까.

버트런드 러셀은 인간에 대한 따뜻한 관심은 사랑의 일종이라고 말한다. 하지만 따뜻한 관심은 상대를 소유하거나 지배하려는 이기적인 사랑이 아니다. 내가 받은 만큼만 돌려주는 이해타산적인 그런 관계도 아니다. 중요한 관계든 사소한 관계든 상대를 있는 그대로 인정하고 존중하는 것이 바로 이타적인 사랑이다.

많은 사람이 인간관계를 맺을 때 상대를 위한다고 생각하지만 실상은 자기중심적으로 행동한다. 이런 관계는 겉보기엔 애정으로 포장되어 있지만, 실제로는 자기만족을 위한 도구일 뿐 삶의 진정한 흥미와 사랑을 앗아가 버린다. 이때 상대편은 이기적 욕망의 수단으로 전락하고, 결국 관계는 갈등과 외로움으로 끝난다. 사회에서 상대를 이용하거나 통제하려는 사람들이 얼마나 많은가? 당신과 나 역시 이런 이기주의자의 면모가 있지는 않은가? 하지만 반대로 내가 단호하게 선을 긋지 못하면 오히려 상대방을 이기주의자로 만들 수 있다. 그러니 이러한 이기적인 관계에 휩쓸리지 않기를 바란다.

좋은 관계란 서로의 얼굴이 아니라 함께 나아갈 길을 바라보는 데서 시작된다. 잠시 생각해보자. 지금 당신 곁에 같은 방향을 바라보는 그런 사람이 있는가. 힘겨운 순간에 기꺼이 나와 보폭을 맞춰 걸어줄 사람이 있는가. 반대로 나 역시 그 사람과 함께할 준비가 되어 있는가. 만약 단 한 명이라도 떠오른다면, 당신은 이미 든든한 삶의 동료를 얻은 사람이다. 물론 착하게 사는 것도 중요하다. 하지만 그것보다 더 중요한 것은 상대방과 내가 함께 바라볼 무언가를 찾아가는 것이다. 그런 관계를 지닌 사람은 인생에서 가장 든든한 힘을 가진 셈이다.

English transcription page

근본적인 행복은 무엇보다
인간과 사물에 대한 따뜻한 관심에서 비롯된다.

> *Fundamental happiness depends more than anything else upon what may be called a friendly interest in persons and things.*

왜 나는 늘 타인에게
인정받고 싶어 할까

인정 욕구

"나는 인간의 자유란 원하는 것을 하는 데 있는 것이 아니라
원하지 않는 것을 하지 않는 데 있다고 생각한다.
바로 그것이 내가 늘 요구하고 자주 소유했던 자유다."

| 장자크 루소 |

우리는 언제나 타인에게 인정받고 싶어 한다. 타인에게 좋은 평가를 받으면 살아 있음을 느끼고 자신의 가치를 확인한다. 인정 욕구는 때로 더 큰 성취를 향한 동력이 되기도 한다. 그러나 인정 욕구는 결국 자신이 타인에게 어떻게 보이는가의 문제다. 즉 내가 어떤 존재로 인식되는가, 어떤 평가를 받는가가 핵심이다. 그런데 인정받고 싶은 욕구가 과하면 쉽게 인정중독에 빠진다. 한 번 타인의 평가에 맛을 들이면 끊임없이 그것을 갈구하게 되고, 결국 자기확신이 아닌 외부의 반응에 목을 매게 된다.

그 누구도 인간 본성에 깊이 뿌리내린 인정 욕구에서

자유로울 수 없다. 문제는 많은 사람들이 인정 욕구 앞에서 쉽게 무너진다는 데 있다. 타인의 인정에 지나치게 의존하면 불안에 시달릴 수밖에 없다. 그렇다면 어떻게 해야 인정 욕구에 휘둘리지 않을까?

인정 욕구는 인간의 심리를 조종하는 가장 손쉬운 지배 도구다. 칭찬을 한두 번 받다 보면 금세 중독되고, 점점 더 큰 환호를 갈망하게 된다. 작은 보상으로는 더 이상 채워지지 않고, 갈채가 끊기는 순간 불안이 몰려온다. 반대로 무시를 당하면 불안이 스며들고 억울함과 분노가 치밀어 오른다. '왜 나를 인정하지 않는 거지?'라는 생각이 머릿속을 떠나지 않는다. 더 무서운 건 침묵이다. 침묵은 보이지 않는 권력의 가장 교묘한 기술이다. 아무 말을 하지 않아도 상대는 스스로 의미를 상상하며 불안을 키운다. 결국 칭찬·무시·침묵, 어느 쪽이든 인간은 인정 욕구 앞에서 취약하다. 이 취약성을 읽어내는 자가 곧 타인을 조종하는 자다.

루소는 《고독한 산책자의 몽상》에서 자신의 삶에 단 한 가지 문제점이 있었다고 고백한다. 그것은 보이지 않는 힘과 인정 욕구의 유혹 앞에서 자신도 무너질 수밖에 없었다는 것이다. 그가 《사회계약론》에서 자유와 평등을 외쳤다는 것은 타인의 구속을 거부하고 스스로 주체로 선다는 뜻이다. 루소는 볼테르, 디드로 같은 계몽주의 동료들과 한때 협력했지만 곧 갈등과 불신으로 결별했다. 그러나 그 후에도 그들의 평가와 시선을 의식했다. 루소는 자유와 고결함을 말하면서도 실제로는 인정 욕구와 보이지 않는 권력의 유혹에 휘말릴 수밖에 없는 인간의 약함을 드러낸 것이다.

스스로의 모습을 들여다보자. 작은 칭찬 하나에 기분이 오르락내리락하지는 않는가. 혹은 누군가의 침묵에 괜히 불안을 키우고 있지는 않은가. 왜 당신은 자유를 원한다고 말하면서도 타인의 인정에서 벗어나지 못하는가.

루소의 대답은 단순하다. 자유는 원하는 것을 마음대로 하는 데 있지 않고, 원하지 않는 것을 거부하는 힘에 있다. 인정 욕구는 누구도 피할 수 없다. 하지만 그 욕구를 모른 채 흔들리는 순간 자유는 사라진다. 이제 당신이 해야 할 일은 뻔하지 않은가. 스스로 내 안의 인정 욕구를 들여다보고, 그것 때문에 원치 않는 길을 택하지 않는 것이다. 심플하지 않은가. 당신 안의 인정 욕구를 자각하라. 그래야 누군가 그 약점을 이용해 당신을 조종하는 것을 막을 수 있다.

English transcription page

나는 인간의 자유란 원하는 것을 하는 데 있는 것이 아니라
원하지 않는 것을 하지 않는 데 있다고 생각한다.
바로 그것이 내가 늘 요구하고 자주 소유했던 자유다.

> *I have never believed that man's freedom consists in doing what he wants, but rather in never doing what he does not want to do, and this is the freedom I have always sought after and often achieved.*

자기 기준으로
남을 자르지 마라

타자 이해

◆─────────────────────◆

"오리는 다리가 비록 짧지만 그것을 길게 이어주면 오리가 근심하고,
학은 다리가 비록 길지만 그것을 짧게 자르면 학이 슬퍼한다."

| 장자 |

인간은 쉽게 타인에게 자신의 기준을 강요한다. 그런 태도는 늘 자기 기준이 세상의 답이라고 믿는 자기중심적 사고에서 비롯된다. 다시 말해 자기확신에 가득 찬 사람은 끝내 자기 기준에 매여 살아갈 수밖에 없다. 늘 세상을 자기 기준대로 고치려 하니, 뜻대로 되지 않을 때마다 마음이 불편해진다. 왜 그들은 끊임없이 타인을 자기 기준에 끼워 맞추려 하는 걸까?

장자는 《장자》 외편 〈변무〉 편에서 "저 어진 사람은 어찌 그리 근심이 많은가?"라고 말한다. 여기서 근심이란 세

상을 자기 기준대로 고치려는 자가 끊임없이 겪는 불만과 답답함을 말한다. 예를 들어 당신은 다른 사람이 당신의 기준에 맞지 않게 행동할 때 불만을 품은 적이 있을 것이다. 그런 상황이 계속 이어지면 현실이 뜻대로 되지 않아 답답할 수밖에 없다.

하지만 장자가 말했듯 오리 다리가 짧다고 늘리지 말고, 학 다리가 길다고 자르지 말아야 한다. 오리는 본래 다리가 짧고, 학은 본래 다리가 길다. 이건 누구나 아는 사실이다. 그런데도 누군가는 그 다리를 자기 기준에 맞춰 자르려 한다. 장자는 그 단순한 비유를 통해 본래의 차이를 인정하지 못하는 인간의 집착을 드러내고 싶었던 것이다. 그는 이렇게 말한다.

"본래 긴 것은 잘라서는 안 되고, 본래 짧은 것은 늘여서는 안 된다. 거기에 없애야 할 근심거리가 없다."

인간은 누구나 자기만의 방식으로 세상과 타인을 본다. 중요한 것은 어떤 태도를 가지고 있느냐이다. 세상에는 어리석은 사람도 있고, 자기중심적인 사람도 있다. 이러한 다양성을 먼저 인정해야 한다. 장자의 말처럼 세상사 모든 일에 근심을 달고 사는 사람은 결국 모든 일을 부정적으로 볼 수밖에 없다. 따라서 자기 안의 편향을 먼저 인식해야 한다. 사람은 누구나 자기 믿음이나 생각을 뒷받침하는 정보만 받아들이고, 반대되는 정보는 무시하거나 축소한다. 이것이 '확증 편향'이다. 확증 편향을 가진 채 상대를 평가해서는 안 된다. 반대로 누군가 증거를 내민다고 해서 그것을 곧이곧대로 옳다고 받아들여서도 안 된다.

인간은 태어나면서부터 타인의 관심에 목마르다. 관심을 받으려는 욕망이 지나치면 자기만 특별하다고 믿게 되고, 결국 자아도취에 빠져 자기중심적으로 흐르기 쉽다. 물론 적당한 나르시시즘은 건강한 자존감을 위해 필요하다. 하지만 자아도취에 깊이 빠진 사람은 자신과 타인이 서로 다른 관점을 가졌다는 사실을 인정하지 못한다. 인생은 필연적으로 타인과 영향을 주고받는 관계일 수밖에 없다. 이때 나와 타자 사이의 문턱을 넘어설 수 있는 가장 좋은 방법은 공감하는 태도다. '공감'이란 타자가 무엇을 생각하든, 무엇을 느끼든, 일방적으로 강요하지 않고 천천히 그리고 서서히 스미듯이 다가가는 태도다.

중요한 건 당신이 타인에게 얼마만큼 공감할 수 있느냐에 따라 관계의 질이 달라진다는 사실이다. 만약 당신이 남보다 잘났다고 여기거나 남을 근심 어린 시선으로만 바라본다면 공감의 깊이는 얕을 수밖에 없다. 그러니 남을 바꾸고 싶다면 상대방의 마음을 먼저 움직이게 하라. 누구나 세상을 바라보는 자기만의 태도가 있기 마련이다. 남을 바꾸기 전에 먼저 그들이 삶에 대해 어떤 시각을 갖고 있는지 알아야 한다. 그것이 타인을 진정으로 이해하는 출발점이다.

오리는 다리가 비록 짧지만 그것을 길게 이어주면 오리가 근심하고, 학은 다리가 비록 길지만 그것을 짧게 자르면 학이 슬퍼한다.

> *A duck's legs, though short, cannot be lengthened without pain to the duck, and a crane's legs, though long, cannot be shortened without misery to the crane.*

잘되지 않을 때
남 탓보다 나를 먼저 돌아본다

반추의 태도

◆ ─────────────────────── ◆

"어진 사람이 인을 행하는 것은 활쏘기와 같다.
활 쏘는 이는 자신을 바로잡은 뒤에 활을 쏘며,
쏜 화살이 과녁에 맞지 않더라도 자기보다 잘 쏜 사람을 원망하지 않고
돌이켜 그 원인을 자기에게서 구한다."

| 맹자 |

인간은 일이 잘못되면 곧바로 남을 탓한다. 가정에서는 사소한 말다툼이 금세 상대의 잘못으로 번지고, 직장에서는 성과가 어긋나는 순간 책임을 상사와 동료에게 돌린다. 친구와의 오해가 깊어질 때도 끝내 상대가 나를 이해하지 못했다고만 여긴다. 때로는 스스로를 돌아보며 자기 잘못을 살피는 듯하다가도, 금세 남의 탓으로 돌리며 스스로 바로잡을 기회를 잃는다. 그런데 우리는 왜 잘되지 않을 때마다 그 원인을 타인에게 돌리려 할까? 그것은 평소에 쌓여 있던 원망의 마음 때문이다. 일이 잘 풀릴 때는 모든 공을 자신에게 돌리지만, 반대의 경우에는 남의

탓을 한다. 이 모든 것이 결국 변덕스러운 마음에서 비롯된다는 사실이 놀랍지 않은가?

《맹자》〈공손추 상〉 편에서 맹자는 인仁을 행하는 사람을 활쏘기에 비유한다. 화살로 과녁을 맞추지 못하더라도 남을 원망하지 말라고 말한다. 인을 행한다는 것은 단순히 타인을 돕고 착하게 사는 게 아니라, 삶이 어긋났을 때 남 탓을 하지 않고 내 안에서 그 까닭을 찾는 태도를 말한다. 남을 원망하는 순간 삶의 기준은 외부로 넘어가고, 스스로 바로잡을 기회를 잃게 된다. 다시 말해 그때부터 남의 시선과 평가가 내 삶을 규정하게 되고, 나 스스로 다스릴 주도권을 잃는다. 맹자가 말한 반구저기反求諸己, 즉 잘못의 원인을 남이 아니라 자기 자신에게서 찾으라는 가르침은 반추의 태도와 맞닿아 있다. 반추의 태도는 인간이 남의 탓에 매여 흔들리는 한계를 넘어설 수 있게 해준다. 그렇다면 어떻게 해야 반추의 태도를 지닐 수 있을까?

활을 쏘는 이는 먼저 자신의 자세를 바로잡은 뒤 화살을 쏜다. 그리고 쏜 화살이 과녁에 맞지 않아도 그 까닭을 자기에게서 찾는다고 맹자는 말한다. 맹자의 활쏘기 비유는 단순히 활을 과녁에 '맞췄냐 빗나갔냐'의 결과가 아니라 쏘기 전에 자세를 바로 세우는 과정을 강조한다. 맹자의 활쏘기 비유에 맞춰 반추의 과정을 세 단계로 압축하면 이렇다.

1 **자기 바로 세움** | 화살을 쏘기 전에 먼저 자신의 몸과 마음을 단정히 한다.
2 **결과 인식과 태도** | 화살이 맞지 않아도 잘 쏜 이를 원망하지 않고, 빗나감을 사실 그대로 받아들인다.
3 **자기 반구와 교정** | 화살이 빗나간 까닭을 자기에게서 찾고, 다시 자세를 고쳐 다음을 준비한다.

다시 말해 반추의 태도란 먼저 자신을 바로 세우고, 그 까닭을 남이 아닌 자기에게서 찾으며 잘못을 고쳐나가는 훈련이다. 맹자는 《맹자》〈이루 상〉편에서 이렇게 말했다.

"남을 사랑하더라도 남이 친하게 여기지 않으면 그 자신의 인함을 돌이켜보고, 남을 다스려도 남이 다스려지지 않으면 그 자신의 지혜를 돌이켜보고, 남에게 예로 대해도 답례하지 않으면 그 자신의 공경하는 마음을 돌이켜보아야 한다."

맹자가 반복해서 강조하는 태도는 언제나 똑같다. 무엇이든 행했음에도 얻지 못하면 모두 자신에게서 돌이켜 구하라는 것이다. 오늘날 우리의 삶도 다르지 않다. 관계 속에서 뜻대로 되지 않을 때마다 그 원인을 상대에게서 찾지 말고, 먼저 자신의 태도와 마음을 살펴야 한다는 뜻이다. 관계는 나의 태도를 비추는 거울이다. 먼저 내 말투와 태도, 진심을 돌아보아야 관계가 바로 선다. 다음 다섯 가지 방법으로 반추의 태도를 길러보자.

반추의 태도를 기르는 5가지 방법

●

1. **시간** | 하루를 정복하라. 하던 일을 잠시 멈추고 오로지 자신에게만 집중하는 시간을 갖는다.
2. **기록** | 오늘 잘한 일과 아쉬운 일을 글로 적고 곱씹는다.
3. **질문** | 명확한 물음을 던져 자기 안을 탐색한다.
4. **시선** | 자신을 비난하지 말고 따뜻하게 바라본다.
5. **행동** | 깨달음을 작은 실천으로 옮긴다.

English transcription page

어진 사람이 인을 행하는 것은 활쏘기와 같다.
활 쏘는 이는 자신을 바로잡은 뒤에 활을 쏘며,
쏜 화살이 과녁에 맞지 않더라도 자기보다 잘 쏜 사람을 원망하지 않고
돌이켜 그 원인을 자기에게서 구한다.

> *The man who would be benevolent is like the archer. The archer adjusts himself and then shoots. If he misses, he does not murmur against those who surpass himself. He simply turns round and seeks the cause of his failure in himself.*

내가 원치 않는 일은
남에게도 하지 않는다

역지사지의 마음

자공이 물었다. "평생토록 실천할 수 있는 한마디 말씀이 있습니까?"
공자가 말했다. "아마 그것은 서(恕)일 것이다.
자신이 원하지 않는 것은 남에게 행하지 말라."

| 공자 |

사마천은 《사기》〈중니제자열전〉에서 자공을 언변이 뛰어난 공자의 제자로 그렸다. 그러나 오히려 공자는 늘 그 점을 꾸짖었다. 자공은 장사에 능해 싸게 사서 비싸게 파는 일을 좋아했고 때를 보며 돈을 잘 굴렸다. 그는 일찍이 노나라와 위나라에서 재상을 지냈고, 집안에 천금을 쌓을 만큼 부유했다. 자공은 외교와 장사에 탁월했다. 이는 곧 사람을 움직이고 설득하는 기술이 뛰어남을 뜻한다. 그는 제후들을 만나면 장점을 찾아내 칭찬했고, 상대를 기분 좋게 만드는 데 능했다. 그러나 잘못까지 덮어주지는 않았다. 오히려 냉정하게 드러내고 평가했다. 그래서

사마천은 그에 대해 "남의 장점을 칭찬하기는 좋아했으나 잘못을 덮어주지는 못하였다"라고 말했다.

그런 자공이 어느 날 공자에게 평생토록 실천할 수 있는 한 가지가 있냐고 물었다. 세속의 지혜, 권력과 재물, 말솜씨로는 끝내 얻을 수 없는 답을 찾고 있었던 것이다.

공자가 자공에게 내린 답은 '서恕'였다. 이 글자는 '마음 심心'과 '같을 여如'가 합쳐진 것으로, '내 마음을 다른 사람과 같이 둔다'라는 뜻이다. 즉 내가 원하지 않는 것은 남에게 행하지 말라는 의미다. 이 말은 단순하게 들릴지도 모르지만, 우리가 타인과의 관계에서 지켜야 할 가장 중요한 자기반성의 태도를 담고 있다. 공자가 말한 반성적 태도는 다음과 같이 다섯 단계로 풀어 설명할 수 있다.

1. **자기 점검** | 내가 지금 하려는 일이 무엇인지 스스로 묻는 것이다. "이 일을 내가 당한다면 어떤 기분이 들까?"라는 질문부터 시작한다.
2. **자각** | 자기 점검을 거친 뒤 내가 원치 않는 감정을 인식하고 인정하는 것이다. "이런 일을 당하면 나는 괴롭고, 불편하고, 모욕적이다"라고 스스로 받아들이는 과정이다.
3. **절제** | 내가 분명히 원치 않는 것은 결코 남에게 행하지 않는다. 원치 않음을 알면서도 행동한다면 그것은 곧 타인에게 해를 끼

치는 일이다.

4 **태도의 형성** | 반복된 반성이 결국 하나의 태도로 굳어지는 것, 그것이 공자가 평생 실천하라고 한 '서'다.
5 **확장** | 내가 대접받고 싶은 대로 남을 대접하는 적극적 실천이 바로 '서의 완성'이다.

현대 사회를 살아가는 우리는 끊임없이 서로 소통하길 원하지만, 정작 서로의 말을 진심으로 듣는 경우는 드물다. 알게 모르게 내가 하기 싫은 것을 타인에게 요구하고, 불편한 것을 상대에게 떠넘기며 살아가고 있는지도 모른다. 순간의 이익이나 감정에 휩쓸리면 정작 내가 원치 않는 행동을 타인에게 하기 때문이다. 이때 필요한 것이 바로 자기 자신을 돌아보는 태도다. 감정이 앞서기 전에 한 번 멈추고 바라보면 말과 행동이 달라지고, 순간의 감정에 휘둘리지 않게 된다.

예를 들면 누군가의 실수에 화가 나서 거친 말을 퍼붓고 싶을 때가 있다. 그때 '내가 같은 잘못을 저질렀다면 그 비난을 견딜 수 있을까?'라고 자문해보자. 분명 쉽게 말하지 못할 것이다. 바로 이 역지사지의 태도가 내가 당하길 원치 않는 것을 남에게도 하지 말라는 가르침과 연결된다. 상대방의 입장에 서서 그 마음과 처지를 함께 헤아려보라. 물론 쉽지 않다. 화가 난 순간에 상대의 처지를 헤아리는 건 도인이 아닌 이상 거의 불가능에 가깝다. 그러나 그런 어려움 속에서도 자기 자신을 돌아보려 애쓰는 태도는 분명 다른 사람들과의 관계에서 힘을 발휘한다.

나를 반성하지 않는 태도로 모든 일을 하면 자기중심적으로 흐를 수밖에 없다. 자신의 말과 행동이 타인에게 어떤 영향을 주었는지 성찰하지 않으면 기준은 언제나 '나'에 머문다. 그러면 타인의 목소리는 묻히고, 결국 관계는 일방적이거나 불균형한 구조로 변한다. 하지만 분명히 기억해야 할 것이 있다. 나라는 존재는 타자와의 관계 안에 있을 때만 그 의미가 있을 뿐이다.

English transcription page

자공이 물었다. "평생토록 실천할 수 있는 한마디 말씀이 있습니까?"
공자가 말했다. "아마 그것은 서(恕)일 것이다.
자신이 원하지 않는 것은 남에게 행하지 말라."

> Zi Gong asked, "Is there one word which may serve as a rule of practice for all one's life?" The Master said, "Is not reciprocity such a word? What you do not want done to yourself, do not do to others."

타인의 평가에서 벗어나야
나를 되찾는다

자기 사랑

"내 영혼을 성찰함으로써, 자만심을 쉽사리 만족시키지 못하는
외부와의 관계들을 단절함으로써, 마지막으로 비교와 편애를
포기함으로써 자만심은 내가 나 자신에 대해 성실한 것에 만족했다.
그리고 나 자신을 다시 사랑하게 됨으로써 그 자만심은 자연의
질서 속으로 되돌아왔으며 나를 세론의 굴레에서 해방시켜주었다."

| 장자크루소 |

인간은 쉽게 자만심에 사로잡혀 타인의 평가에 흔들린다. 남의 눈에 비친 모습으로 자신을 재단하고, 그 평가 앞에서 자기 기준을 잃는다. 반면 자기 자신을 있는 그대로 사랑하는 사람은 남과의 비교에 흔들리지 않고 자기 안에서 만족을 찾는다. 자기 사랑은 내 안에서 비롯된 성실함과 확신에 뿌리를 둔다. 이를 통해 타인의 평가와 무관하게 내 안의 가치를 확인하고, 흔들리지 않는 기준을 세운다. 그러나 인간은 종종 타인에게 인정받고 존경받기를 원한다.

"왜 우리는 타인을 희생시켜가며 자신의 이익을 챙기려 하는가?"

그것은 순수한 자기 사랑이 약해지고 자만심이 자리를 차지했기 때문이다. 루소의 《인간 불평등 기원론》에 따르면 자연 상태에서 고립적으로 살아가던 인간은 단순한 욕구와 자기 사랑만으로 충분했다. 그러나 여러 사람들과 함께 관계를 맺고 살게 되면서 서로를 바라보며 비교하게 되었고, 남들에게 인정받는 것이 어떤 가치를 지니는지 알게 되었다. 다시 말해 타인의 시선에 의존하는 자만심이 발생했고, 명예와 우월에 대한 욕망이 싹텄다. 사람들은 서로를 평가하기 시작했고, 모두가 자기도 존경받을 권리가 있다고 주장했다. 루소에 따르면 그때부터 인간에게 허영심·질투·분노와 같은 감정이 생겨났다. 바로 이 지점이 인간 불평등의 첫걸음이다. 결국 타인을 희생시켜가며 자신의 이익을 챙기려는 숨겨진 욕망으로 인해 순수했던 자기 사랑은 자만심으로 바뀌었다. 자만심에 빠진 인간은 남들과의 비교 속에서 스스로를 잃고, 끝내 허영심이라는 굴레를 스스로 뒤집어쓴다.

루소는 자만심과 자기 사랑을 본래부터 다른 것으로 구분했다. 다만 사회 속에서 힘이 약해진 자만심은 자기 사랑에 가까워질 수 있다. 그때 우리는 세론, 즉 여론과 타인의 평가라는 굴레에서 해방된다. 여기서 해방은 바로 사회가 만든 굴레를 끊고, 자유로운 주체로 서는 길이다. 그렇다면 어떻게 해야 자만심을 버리고 자기 사랑을 되찾을 수 있을까?

루소가 제안하는 3가지 자기 사랑법

•

1. 내 영혼을 성찰하라. 타인이 아닌 자기 내면의 목소리를 들으며 기준을 되찾는다. 하루의 끝에서 고요히 눈을 감고, 오늘 내가 한 말과 행동이 진실했는지 되묻는 것이다.
2. 자만심을 쉽사리 만족시키는 외부와의 관계를 단절하라. 그것은 탐욕스러운 야심을 부추기고, 남보다 더 높아지려는 열망을 키워 결국 허영심과 질투로 이어진다.
3. 비교를 포기하라. 남과 자신을 저울질하는 습관을 버려야 한다. 특정한 대상만 높이 평가하는 태도는 다른 이를 깎아내리는 결과를 낳는다.

당신 또한 남의 인정으로만 내면을 채우는 허영심을 가진 적이 있을 것이다. 그렇게 남의 눈으로 살아가는 삶은 세상이 만든 잣대와 평판에 매여 나 자신을 잃어버리게 만든다. 이제는 내 삶에 얼마나 정직한지, 내 영혼에

거짓은 없는지를 기준으로 삼아야 한다. 중요한 것은 남이 나를 어떻게 보느냐가 아니라 내가 나 자신에게 얼마나 성실한가다. 이러한 태도가 바로 루소가 말한 '나 자신에 대해 성실한 것에 만족했다'라는 것이다. 남이 뭐라 하든, 내가 나에게 떳떳할 때 비로소 자기 자신을 다시 사랑할 수 있다.

English transcription page

내 영혼을 성찰함으로써, 자만심을 쉽사리 만족시키지 못하는 외부와의 관계들을 단절함으로써, 마지막으로 비교와 편애를 포기함으로써 자만심은 내가 나 자신에 대해 성실한 것에 만족했다. 그리고 나 자신을 다시 사랑하게 됨으로써 그 자만심은 자연의 질서 속으로 되돌아왔으며 나를 세론의 굴레에서 해방시켜주었다.

> *Then, relying on the integrity of my own heart, and striking off those exterior relations which render self importunate, by renouncing all comparisons and preferences, this passion was reduced again to self-esteem, resumed its natural course, and has delivered me from the yoke of opinion.*

109

관계는
나의 태도를 비추는 거울이다

부끄러움 없는 삶

◆────────────────────────────◆

"사람은 부끄러움이 없어서는 안 된다.
부끄러움이 없는 것을 부끄러워한다면, 부끄러움이 없게 될 것이다."

| 맹자 |

윤동주는 일제강점기라는 가장 어두운 시대를 살다 간 시인이다. 어린 시절부터 기독교적 신앙과 민족적 현실을 함께 체득했고, 연희전문학교에 진학해 시인의 길을 걸었다. 그는 화려한 언어보다 내면의 양심과 부끄러움에 대한 성찰을 시의 중심에 두었다. 1941년 졸업을 앞두고 쓴 〈서시〉에 그 정신이 압축되어 있다. 그는 독립운동에 연루된 혐의로 체포되어 스물여섯 젊은 나이에 생을 마감했지만, 그의 시는 끝내 부끄럽지 않은 삶을 향한 결연한 태도를 남겼다. 〈서시〉에서 윤동주는 묻는다. 죽는 날까지 하늘을 우러러 한 점의 흠결 없이 살 수 있을까?

죽는 날까지 하늘을 우러러

한 점 부끄럼이 없기를,

잎새에 이는 바람에도

나는 괴로워했다.

《하늘과 바람과 별과 시》 중에서

윤동주는 짧은 생애 동안 양심 앞에서 떳떳한 길을 걸었다. 그것은 수치심을 아는 자만이 닿을 수 있는 삶이었다. 맹자 또한 《맹자》〈진심 상〉 편에서 사람에게 반드시 수치심이 필요하다고 말한다. 이는 '만약 수치심이 없다는 사실을 부끄러워할 줄 안다면, 마침내 부끄러움 없는 사람으로 살 수 있다'라는 의미다. 예를 들면 스스로 잘못했을 때 얼굴이 붉어지고 그 잘못을 고치려는 사람, 이익 앞에서 잔꾀를 부리지 않는 사람, 사소한 잘못조차 외면하지 않는 사람. 그런 사람이 부끄러움 없는 삶을 살 수 있다는 말이다.

맹자는 군자의 즐거움 가운데 하나로 '하늘을 우러러 부끄럽지 않고, 타인 앞에서도 떳떳한 것'을 꼽았다. 그는 이런 마음가짐이 관계에서 매우 중요하다고 말했다. 원만한 관계는 서로의 신뢰를 바탕으로 유지된다. 그것을 깨뜨리는 건 잘못 그 자체보다 잘못을 부끄러워하지 않는 태도에 있다. 결국 관계를 지탱하는 힘은 수치스러움을 아는 것에 있다. 하지만 당신도 짐작할 수 있을 것이다. 부끄러움을 마주한다는 것이 얼마나 괴로운 일인지. 그것은 곧 자기 자신과 마주하는 일이기 때문이다. 마치 부끄러움은 거울처럼 자기 모습을 적나라하게 비춘다.

윤동주는 '잎새에 이는 바람에도 나는 괴로워했다'라고 고백했다. 작은 바람에도 흔들리는 나뭇잎처럼 우리는 연약한 존재다. 그러나 자기 자신을 외면하지 않고 마주할 때 부끄럽지 않은 삶을 살아갈 수 있다.

당신은 하루를 어떻게 마무리하고 있는가. 매일 밤 단 10분이라도 스스로를 돌아보는 시간이 필요하다. 자신을 돌아보는 시간이 없다면 부끄러움 없는 삶을 기대하기 어렵다. 10분 동안 괴롭더라도 자기 자신을 사랑하는 마음을 놓치지 않았으면 좋겠다. 하루 동안 있었던 일 가운데 즐거웠던 일, 화났던 일, 부끄러웠던 일을 떠올리며 내면을 들여다본다는 것이 괴로운 일인 걸 안다. 하지만 내 안의 양심과 부끄러움으로부터 도망쳐서는 안 된다. 두려워해서도 안 된다. 자기 자신을 사랑해야 한다. 방황과 혼돈 속에서 숱하게 지새운 밤들이 당신의 삶을 어떻게 바꾸었는지 잊지 마라. 오늘 이후로 부끄러운 과거를 두려워 말라. 부끄러움 앞에서 도망치지 말자.

English transcription page

사람은 부끄러움이 없어서는 안 된다.
부끄러움이 없는 것을 부끄러워한다면, 부끄러움이 없게 될 것이다.

> *A man must not be without shame. For the shame of being without shame is shamelessness indeed.*

많은 말은 본질을 흐리고
나를 잃게 만든다

침묵의 가치

"말을 많이 할수록 궁색하게 되니
중심을 지키는 것보다 좋은 일은 없다."

| 노자 |

　　루트비히 비트겐슈타인은 20세기 서양 철학의 흐름을 근본적으로 바꾼 인물이다. 그는 유럽 최고 부유층의 아들로 태어나 누구보다 편안하고 화려한 삶을 살 수 있었다. 그러나 그는 청년 시절 전 재산을 가족에게 나누어주고, 스스로 가난을 선택했다. 제1차 세계대전이 일어나자 그는 자원입대해 최전선에서 병사로 싸웠고, 포탄이 쏟아지는 참호 속에서 철학적 단편을 기록했다. 그 기록이 바로 《논리철학 논고》다. 마지막 구절에서 그는 이렇게 말했다.

"말할 수 없는 것에 대해서는 침묵해야 한다."

비트겐슈타인에게 언어는 세계를 그림처럼 드러내는 구조였다. 그러나 윤리, 미학, 신성, 삶의 의미 같은 주제는 언어의 경계를 넘어선다. 그래서 그는 말할 수 없는 것 앞에서는 침묵해야 한다고 강조했다. 언어가 닿지 못하는 영역을 억지로 설명하려 하면 본질이 왜곡되기 때문이다.

노자 역시《도덕경》1장에서 "도가 말해질 수 있다면 영원한 도가 아니다"라고 말했다. 노자에게 도道는 자연과 우주의 근원이자 삶과 존재의 흐름 그 자체다. 도가 언어로 말해지는 순간 그것은 이미 한정되고 일정한 틀에 갇힌다. 다시 말해 도가 언어로 설명된다는 건 이미 제한되고 정의된 상태임을 뜻한다. 그렇게 한정된 언어로 설명할 수 없는 것을 말하려 한다면 그 본질은 흐려진다.

사람들은 서로를 이해하려 끝없이 말을 이어가지만, 때로 그 말은 허공에 흩어져 끝내 마음에 닿지 못한다. 상대를 이해시키려 애쓸수록 같은 말만 되풀이하게 되고, 그럴수록 상대는 더 깊은 오해 속으로 빠져든다. 대화가 길어질수록 마음은 멀어지고 거리는 좁혀지지 않는다. 남는 것은 공허한 소리, 희미해진 소통의 그림자뿐이다. 이런 순간에야 우리는 침묵이야말로 진짜 이해의 시작임을 깨닫게 된다.

인정할 수 없고, 돌이킬 수 없는 상황은 오히려 더 많은 말을 하게 만든다. 그러나 노자의 말처럼 말은 많이 할수록 궁색해진다. 궁색하다는 것은 아무리 말을 많이 늘어놓아도 본질이 흐려지고, 남는 건 빈 껍데기뿐이라는 의미다. 이럴 때 노자는 차라리 중심을 지키는 것보다 좋은 일이 없다고 말한다. 말이 길어질수록 본래의 뜻은 희미해지고, 그 속에서 우리는 중심을 잃는다. 거꾸로 뒤집어 중심을 지킨다는 건 더 설명하지 않고, 더 변명하지 않는 것이다. 그러니 말을 아끼는 삶이야말로 중심을 잃지 않고 치우치지 않는 삶을 사는 길이다. 노자는 《도덕경》에서 이렇게 말했다.

"말을 적게 하는 것이 자연스러운 것이다."

> *English transcription page*

말을 많이 할수록 궁색하게 되니
중심을 지키는 것보다 좋은 일은 없다.

> *Many words lead to exhaustion. It is better to keep to the center.*

왜 우리는 타인의 고통 앞에서 연민을 느끼는가

측은지심

"측은해하는 마음은 인(仁)의 단서요,
부끄러워하고 미워하는 마음은 의(義)의 단서요,
사양하는 마음은 예(禮)의 단서요,
옳고 그름을 따지는 마음은 지(智)의 단서다."

| 맹자 |

맹자는 《맹자》〈고자 상〉 편에서 사람의 본성이 선한 것은 물이 본래 위에서 아래로 흐르는 것과 같다고 말했다. 본성이 악하게 보이는 것은 본래의 천성을 잃었기 때문이며, 선한 본성은 저절로 보존되지 않으므로 꾸준한 수양을 통해서만 지킬 수 있다고 주장했다. 이것이 바로 맹자의 '성선설性善說'이다. 그런데 약육강식이 극단적으로 판을 치는 세상에서 맹자는 왜 인간의 본성이 선하다고 보았을까?

맹자는 《맹자》〈공손추 상〉 편에서 갑자기 어린아이

가 우물에 빠지는 장면을 본다면 누구나 깜짝 놀라며 측은해하는 마음을 갖게 된다고 말했다. 그것은 그 아이의 부모와 친분을 맺기 위해서도, 명예를 얻기 위해서도, 남의 비난을 피하기 위해서도 아니다. 인간 본성에 잠재된 선한 마음 때문이다. 맹자는 이 마음을 '측은지심'이라 불렀고, 이는 곧 인仁의 단서라고 설명했다.

맹자는 이처럼 인간의 본성에는 측은지심을 포함해 네 가지 선한 마음의 단서가 잠재되어 있다고 보고, 이를 '사단四端'이라 불렀다. 부끄러워하고 미워하는 마음은 '수오지심'으로 의義의 단서이고, 겸손히 사양하는 마음은 '사양지심'으로 예禮의 단서이며, 옳고 그름을 분별하는 마음은 '시비지심'으로 지智의 단서다. 맹자에 따르면 인간은 누구나 이 네 가지 마음을 본래 지니고 태어난다.

> 측은지심 : 불쌍히 여기는 마음 = 인
> 수오지심 : 부끄러워하고 미워하는 마음 = 의
> 사양지심 : 겸손히 사양하는 마음 = 예
> 시비지심 : 옳고 그름을 분별하는 마음 = 지

맹자가 말한 성선설은 추상적 이론이 아니다. 우리는 실제로 타인의 고통 앞에서 본능적으로 연민을 느낀다. 타인의 고통에 반응하는 마음, 곧 측은지심은 인간 본성에 이미 주어진 단서다. 길에서 다친 사람을 보면 몸이 먼저 반응하고, 낯선 이의 불행을 들어도 마음이 무거워지는 이유가 바로 여기에 있다. 이러한 마음을 길러낼 때 우리는 인仁의 길로 나아갈 수 있다.

그런데 과연 인간의 본성은 선하기만 한가. 현실 세계에서 맹자의 이러한 주장은 그대로 타당한가. 그렇지 않다. 인간은 때로 폭력적이고, 타인의 고통을 외면하거나 오히려 가하는 존재이기도 하다. 순자荀子는 이 점을 날카롭게 지적했다. 그는 인간의 본성을 욕망으로 보았고, 그대로 두면 다툼과 혼란이 불가피하다고 말했다. 따라서 선함은 타고나는 것이 아니라 교육과 예, 사회적 규범을 통해 길러져야 한다고 주장했다. 성선설은 때로 현실의 탐욕과 다툼을 감추고, 인간 본성의 어두운 면을 은폐한다는 것이다. 이것이 바로 맹자가 주장하는 성선설의 한계를 비판하며 순자가 내세운 '성악설性惡說'이다.

우리가 타인의 고통 앞에서 마음이 아픈 이유는 무엇일까? 맹자의 관점에서 보면, 타인의 고통 앞에서 연민을 느끼는 것은 지극히 당연한 일이다. 잘못된 것은 이러한 본성을 무시하고, 오히려 이익과 경쟁만을 강요하는 사회다. 누구나 한 번쯤 커다란 꿈과 성취에 사로잡혀 자신만의 이익이나 욕망을 앞세운 적이 있을 것이다. 물론 그런 욕망이 무한 경쟁 사회에서 삶을 움직이는 힘이 되기도 한다. 하지만 내가 올라서면 누군가는 밀려난다. 때로는 내가 최선을 다해도 누군가가 나를 누르고 올라선다. 사회는 언제나 공정하지만은 않다. 그런 피라미드형 사회구조를 외면한 채 오직 나의 이익만 좇으면 삶은 결국 승자와 패자로 나뉘는 싸움터가 된다. 마치 맹자가 살았던 전국시대처럼 말이다. 인간은 혼자서는 살아갈 수 없는 존재이고, 관계 속에서만 삶의 진정한 의미를 얻는다. 타인의 고통을 무시하지 않고, '나의 성취와 타인의 행복이 함께 가능할 수 있는가'라는 새로운 기준을 세워야 하는 이유다.

인간의 본성을 둘러싼 논쟁은 단순히 선과 악의 문제에 그치지 않는다. 물론 우리는 언제나 타인의 고통 앞에서 곧바로 연민을 느끼는 것은 아니다. 그럼에도 불구하고 사람은 측은지심이 본래 내 안에 있다는 걸 알기 때문에 그 마음을 일깨우고 키워낼 수 있는 힘이 있다. 바로 그 지점에서 수양과 배움이 필요하다. 다시 말해 맹자의 성선설에 따르면, 인간의 본성에는 선한 마음이 잠재해 있으며 그것은 꾸준한 자기 수양을 통해서만 온전히 발휘될 수 있다.

진정한 삶은 타인을 밟고 올라서는 것이 아니라 함께 하는 길 위에서 시작된다. 타인의 고통을 외면하려는 마음이 들 때 일부러 한 걸음 멈추고 '내 안에는 연민이 있다'라고 떠올려보라. 연민을 키워야 하는 상황은 특별한 경우가 아니라 일상에서 끊임없이 찾아온다. 그러니 작은 일에도 그 마음을 잃지 말자. 중요한 것은 타인의 고통을 얼마나 함께 아파할 수 있느냐이다. 오늘 하루도 '나는 타인의 고통 앞에서 얼마나 아파했는가'를 스스로 물어보라. 동정이란 누군가의 기쁨·슬픔·고통 같은 감정을 내 마음에 함께 담아내는 것이다. 타인의 상황을 남의 일로 두지 않고, 같이 슬퍼하고 같이 아파할 때 비로소 인간다움이 시작된다.

> *English transcription page*

측은해하는 마음은 인(仁)의 단서요,
부끄러워하고 미워하는 마음은 의(義)의 단서요,
사양하는 마음은 예(禮)의 단서요,
옳고 그름을 따지는 마음은 지(智)의 단서다.

> *The feeling of commiseration is the beginning of humanity; the feeling of shame and dislike is the beginning of righteousness; the feeling of modesty and complaisance is the beginning of propriety; and the feeling of approving and disapproving is the beginning of wisdom.*

Chapter 3

**삶의 길이
보이지 않는다면
무엇을
해야 할까**

삶의 방향과

태도에

관하여

사는 대로 살다 보면
왜 사는지 의미를 잃게 된다

삶의 의미

◆──────────────────────────◆

"가장 중요한 것은
사는 것이 아니라 잘 사는 것이다."

| 플라톤 |

러시아의 위대한 소설가 톨스토이는 《전쟁과 평화》, 《안나 카레니나》 같은 작품으로 세계적 명성과 부를 얻었다. 하지만 그가 쉰 살이 되던 어느 날, 그 모든 것이 아무런 의미가 없다는 것을 깨닫게 된다. 그때부터 그가 바라보는 세상은 의미를 잃고 회색빛으로 변해버렸다. 톨스토이는 심각한 우울증에 시달렸다. 매일 같이 찾아오는 자살 충동과 치열하게 싸우며 매 순간 죽음과 대면했다. 그는 밧줄에 목을 맨 자신의 환영을 본 순간 비로소 자기에게 마지막 질문을 던졌다.

"나는 왜 살아야 하는가?"

톨스토이는 묻고 또 물었지만, 아무런 대답도 얻을 수 없었다. 어떤 철학도, 과학도, 종교적 교리도 그에게 위안을 주지 못했다. 그러던 어느 날, 톨스토이는 자신의 영지에서 묵묵히 일하며 살아가는 가난한 농부들을 보게 된다. 그들은 고단한 삶이지만 신께서 주신 것이라며 흔들림 없는 믿음으로 버텨내고 있었다. 그 순간 톨스토이는 깨달았다. 그 농부들에게 있는 '삶의 의미'가 자신에게는 없었다는 사실을. 이 깨달음은 그의 삶을 완전히 뒤바꿔 놓았다. 이후 톨스토이는 자신의 재산을 농부들과 나누고, 화려한 귀족 생활을 포기했다. 오직 의미 있는 삶, 즉 신이 주신 삶의 의미를 실천하며 살고자 했다. 이러한 톨스토이의 회심은 단순한 종교적 사건이 아니라 삶의 본질을 다시 발견하게 된 계기였다.

여기서 의문이 든다. 톨스토이는 모든 것을 가졌음에도 불구하고 왜 갑자기 공허함과 마주친 것일까? 그 이유는 단 하나다. 삶의 의미를 묻지 않고 그저 흘러가는 대로 살았기 때문이다. 우리도 마찬가지다. 삶의 이유를 묻는 것이 사치라고 여기며, 삶의 목적을 잃은 채 매너리즘에 빠져 살아간다. 수많은 사람들이 매일 아침 회사로 출

근해 바쁘게 움직이며 돈을 번다. 그러다 문득 삶의 길에 멈춰 서서 왜 이렇게 바쁘게 살아야 하는지 스스로에게 묻는 순간이 찾아온다. 당신도 그런 적이 있을 것이다. 하나의 목표만을 좇다가 인생의 방향을 상실하고 공허함에 빠진 순간과 맞닥뜨린 적이.

공허함이란 겉으로는 멀쩡히 살아가지만, 속으로는 자신이 왜 그렇게 살아야 하는지 이유를 전혀 알지 못하는 부정적인 감정이다. 삶의 이유와 목적이 사라지고 나면 아무리 많은 것을 가졌다 해도 모든 게 무의미하게 느껴진다. 톨스토이가 그토록 힘겨워했던 이유 역시 내면의 공허함에 있었다. 특히 인생의 중요한 목표를 이루었을 때 공허함과 맞닥뜨리는 경우가 많다. 대부분의 사람들은 목표를 이루고 나면 모든 면에서 괜찮아질 거라 믿는다. 하지만 그 목표가 사라진 자리에 다음 목표나 더 큰 의미를 찾지 못하면 공허함이 밀려올 수밖에 없다. 다시 말해 목표를 향해 앞만 보고 달릴 때는 삶의 분명한 이유가 있지만, 막상 그 목표를 달성하고 나면 갑자기 삶의 방향을 잃고 이제 어디로 가야 할지 몰라 멈춰 서게 된다. 그 순간 지금까지 느껴보지 못한 커다란 허무함이 찾아오는 것이다. 왜 그럴까? 목표는 삶의 방향을 잡아주지만, 목표 자체가 삶의 진정한 의미는 아니기 때문이다. 따라서 목표를 이루는 것도 중요하지만, 그 후를 바라보며 삶의 더 큰 의미와 이유를 미리 생각해 두어야 공허함에 빠지는 것을 막을 수 있다.

플라톤은 《크리톤》에서 "가장 중요한 것은 사는 것이 아니라 잘 사는 것"이라고 말했다. 여기서 '잘 사는 것'은 훌륭하게 사는 삶, 즉 올바르고 아름다운 삶, 행복한 삶을 의미한다. 단지 살아남기 위해서 사는 것이 아니라 자신만의 의미 있는 삶을 살기 위해 살아가야 한다. 따라서 우리는 삶의 의미를 묻는 일을 결코 멈추어선 안 된다. 삶이 던지는 질문 앞에서 어떻게 응답하느냐가 곧 삶의 의미를 결정한다. 삶이 말을 걸어올 때, 내가 지금 추구하고 있는 삶의 방향이 맞는지 깊이 있게 돌아봐야 한다.

오랫동안 믿고 추구했던 가치가 무너졌을 때 공허함은 더욱 강렬하게 밀려온다. 톨스토이가 모든 명예와 부를 손에 넣고도 삶의 목적을 잃었던 것처럼, 지금까지 나를 지탱해왔던 신념이나 믿음이 어느 순간 더 이상 옳지 않거나 무의미하다고 느껴지는 순간 공허함이 찾아온다. 예를 들어 평생 옳다고 생각했던 신념이 틀렸다고 밝혀지거나, 굳게 믿었던 사람이 나를 실망시키거나, 확신했던 삶의 기준이 현실 앞에서 무너질 때 우리는 내면 깊숙이 공허함에 빠진다. 이럴 때 삶 전체가 흔들리면서 내가 살아온 시간이 헛되었다고 느껴진다. 빨리 공허함에서 벗어나야 한다. 그러려면 어떻게 해야 할까? 진정으로 내가 원하는 것이 무엇인지 삶의 이유를 다시 찾아야 한다. 중요한 것은 남이 정해주는 의미가 아니라 내가 직접 찾아낸 나만의 삶의 목적이어야 한다. 톨스토이가 겪었던 '회심'처럼 이제 당신도 삶을 다시 한번 돌아보고, 자신만의 새로운 가치를 세워야 한다.

> English transcription page

가장 중요한 것은 사는 것이 아니라 잘 사는 것이다.

| *Not life, but a good life, is to be chiefly valued.*

세상일이란 자기 마음먹은 대로
되지 않는다

운명을 대하는 태도

"운명이 아닌 것이 없으나 그중에 정명을 따라야 한다."

| 맹자 |

세상일이란 자기 마음먹은 대로 되지 않을 때가 많다. 때론 준비를 아무리 완벽하게 해도 예상치 못한 변수가 찾아와 한순간에 모든 노력이 물거품처럼 사라질 때가 있다. 이 모든 일이 결국 운명에서 비롯된다는 사실이 놀랍지 않은가? 그런데 우리는 그 사실을 알면서도 끝내 모든 것을 자신의 힘으로 통제하려 애쓴다. 만약 우리가 운명을 완전히 지배할 수 있다면 삶은 이토록 불안하거나 고통스럽지 않을 것이다. 하지만 확실한 것은 우리가 아무리 애써도 세상일에는 통제할 수 없는 영역이 있다는 사실이다. 그리고 그 지점을 우리는 '운명'이라 부른다.

《맹자》〈진심 상〉 편에서 맹자가 "운명이 아닌 것이 없다"라고 말한 이유가 바로 여기에 있다. 다시 말해 세상사 모든 것은 운명에 달려 있다.

우리가 구할 수 있는 것과 그렇지 않은 것을 구분하느냐에 따라, 삶을 바라보는 우리의 기준은 달라진다. 맹자에 따르면 운명은 인간이 완벽하게 통제할 수 없다. 그는 세상 모든 일이 '명命'에 속한다고 말하면서 그 가운데에서도 정명正命, 즉 바른 명만을 따라야 한다고 말했다. 맹자의 관점에서 보면 세상일은 우리가 힘쓸 수 있는 부분과 운명에 맡길 수밖에 없는 부분으로 나뉜다. 다시 말해 스스로 통제할 수 있는 것과 도저히 통제할 수 없는 것을 구분해야 한다. 전자는 내가 선택하고 실천할 수 있는 부분으로, 예를 들어 덕을 닦고 옳은 길을 따르는 일이다. 반면 후자는 내 힘으로 어찌할 수 없는 부분으로 부귀와 장수, 성패와 같은 것들이다. 맹자의 입장은 분명하다. 인간이 할 수 있는 것은 스스로 최선을 다하고, 그 외의 성공과 실패, 생사는 하늘에 맡길 수밖에 없다. 그리고 그 결과를 담담히 받아들이는 태도가 바로 정명이다. 맹자는 이렇게 말한다.

"구하는 데 도가 있고, 얻는 데는 명이 있다."

'구하는 데 도가 있다'라는 말은 내가 힘써 구한다면 확실한 방법이 있다는 뜻이다. 노력하면 얻을 수 있고, 멈추면 잃게 된다는 말이다. 반대로 아무리 구해도 뜻대로 되지 않는 것은 운명에 달려 있다. 결국 인간에게 주어진 삶의 길은 단순하다. 자신에게 있는 것은 힘써 구하고, 그 나머지는 운명에 맡길 수밖에 없다. 그렇다고 해서 이미 정해진 운명이니 어쩔 수 없다고 체념하라는 뜻은 아니다. 당신이 감당할 수 있는 범위에서는 최선을 다해야 한다. 그것이 곧 스스로 운명을 개척하는 길이다. 하지만 그 범위를 벗어난 일은 깨끗이 운명에 맡겨야 한다. 억지로 붙잡으려 할수록 마음만 소모된다.

어쩌면 세상의 성패를 좇는 것보다 자신에게 있는 것을 지켜내는 일이 더 중요할지 모른다. 맹자는 또한 스스로 잘못을 저질러 만든 재앙을 운명 탓으로 돌리지 말라고 했다. 무모한 행동이 불러온 화는 하늘이 준 명이 아니라 자기 과오일 뿐이다. 가장 중요한 것은 옳고 그름을 가려 실천할 것은 실천하고, 그 나머지는 운명으로 받아들이는 태도다. 그러니 세상일이 당신 뜻대로 흘러가지 않더라도 너무 실망하지 마라. 당신이 할 수 있는 일을 다 하면 그 결과가 어떠하든 이미 정명을 따른 것이다.

English transcription page

운명이 아닌 것이 없으나 그중에 정명을 따라야 한다.

> *There is no part of destiny which may not be fulfilled, but the right destiny must be sought.*

늦은 성숙은
더 깊은 뿌리를 내린다

시간의 리듬

"사과나무나 떡갈나무처럼 빨리 성숙하는 것은 그에게 전혀 중요치 않다. 아직 봄이 채 가지도 않았는데, 여름으로 바꾸라는 말인가? 그를 위한 때가 아직 도래하지 않았는데, 대신 어떤 현실로 그것을 대체할 수 있다는 말인가? 헛된 현실이라는 암초에 배를 난파시켜서는 안 된다."

| 헨리 데이비드 소로 |

중국 고대의 현자인 강태공은 약 3,100년 전 주나라의 건국을 도운 유명한 정치가다. 그는 일흔이 넘도록 밭은 갈지 않고 강가에서 낚시만 하며 세월을 보냈다. 생업은 돌보지 않고 학문에만 힘쓰며 지내자, 생활고에 지친 아내는 그를 버리고 집을 떠났다. 그러나 강태공은 "조금만 더 기다리면 될 텐데…" 하며 홀로 남아 자신의 때를 기다렸다.

사실 강태공은 애초에 물고기를 낚을 생각조차 없었다. 낚시할 때 휜 낚싯바늘이 아니라 곧은 낚싯바늘을 쓰고 미끼조차 달지 않았으니 말이다. 그저 낚싯대를 물 위로 띄운 채 아무것도 낚지 않고 오랜 기다림의 시간을 견 뎠다. 그가 낚으려 했던 것은 무엇이었을까? 도대체 그는 왜 이렇게 긴 시간을 허비하는 것처럼 보냈을까?

현대인은 성공을 위해 필사적으로 서두른다. 매일같이 타인의 성취와 자신의 위치를 비교하며 초조해하고, 조금이라도 성과가 보이지 않으면 금세 불안해한다. 미래의 가능성과 내면의 성숙을 기다리는 여유는 사라지고, 오직 지금 당장 손에 잡히는 결과만을 추구한다. 하지만 인생에서 가장 중요한 순간들은 조급함으로 결코 잡히지 않는다. 헨리 데이비드 소로는 《월든》에서 이렇게 말한다.

"왜 인간은 성공하기 위해 필사적일 만큼 서두르고, 위험한 사업에까지 뛰어드는 걸까?"

드디어 물고기가 아니라 세월을 낚던 강태공에게도 때가 찾아왔다. 어느 날 주나라의 문왕이 사냥길에 올랐다가 우연히 위수 강가에서 낚시를 하는 강태공을 발견했다. 문왕은 단번에 범상치 않은 그의 기운을 알아보고 극진한 예를 다하여 스승으로 맞았다. 문왕은 그를 태사太師로 삼고 존경과 기대를 담아 '태공망太公望', 즉 '선대의 조부가 기다렸던 인물'이라 불렀다. 그때서야 강태공의 오랜 기다림은 빛을 발했다. 그는 뛰어난 지략과 식견으로 문왕과 그 아들 무왕을 도와 주나라 왕실을 보좌했다. 결국 강태공은 늦은 나이에 비로소 자신의 재능과 지혜를 세상에 드러내며 큰 성공을 거두었다.

옛말에 대기만성이라 했던가. 누구나 꽃을 피우는 시기는 제각각이고, 결정적인 순간은 사람마다 다른 시간에 찾아온다. 어떤 이들은 이른 봄에 찬란히 피어나고, 어떤 이들은 늦가을이 되어서야 비로소 제빛을 드러낸다. 소로가 사과나무나 떡갈나무처럼 빨리 성숙하는 것은 그에게 전혀 중요치 않다고 말한 이유다. 자신을 위한 때가 아직 오지 않았는데, 헛된 일을 해서는 안 된다. 이는 자신에게 주어진 때가 아닌데도 조급히 남들과 비교하며 무리하게 뛰어드는 상황을 의미한다.

예를 들어 아직 자신만의 재능과 꿈을 발견하지 못했는데 타인의 기대에 따라 특정 직업이나 진로를 선택하는 경우, 남들이 부동산이나 주식으로 큰 수익을 내고 있다고 해서 자신의 형편을 고려하지 않고 무리하게 빚을 내어 투자에 뛰어드는 경우, 사전 조사를 철저히 하지 않은 채 사업을 급하게 추진하는 경우 등이 있다. 이런 행동들은 헛된 현실이라는 암초에 부딪혀 좌절하거나 후회하는 결과를 낳게 한다. 그래서 소로는 이렇게 말한다.

"우리는 느슨한 태도로 한계를 정하지 않고 앞을 향해 나아가는 삶을 살아가야 한다."

강태공이 세월만 낚듯 인생에 아무런 진척이 보이지 않더라도 너무 실망하지 마라. 인생은 저마다 자기만의 리듬을 가지고 흐르는 법이다. 기약 없는 기다림도 언젠가는 그 끝이 찾아오는 법이다. 당장은 성과가 없더라도 기다림의 시간을 견디고 실력을 키우면 때가 왔을 때 비로소 큰 성공을 이루게 된다. 아무리 삶이 고달프고 성과가 없더라도 너무 조급해하지 말자. 심호흡 한 번 크게 하며 잠시 숨 고르기를 해보자. 분명 당신의 때가 곧 찾아올 테니.

English transcription page

사과나무나 떡갈나무처럼 빨리 성숙하는 것은 그에게 전혀 중요치 않다.
아직 봄이 채 가지도 않았는데, 여름으로 바꾸라는 말인가?
그를 위한 때가 아직 도래하지 않았는데, 대신 어떤 현실로 그것을 대체할
수 있다는 말인가? 헛된 현실이라는 암초에 배를 난파시켜서는 안 된다.

> *It is not important that he should mature as soon as an apple-tree or an oak. Shall he turn his spring into summer? If the condition of things which we were made for is not yet, what were any reality which we can substitute? We will not be shipwrecked on a vain reality.*

방향 없는 삶은
어느 바람에도 흔들린다

흔들리지 않는 삶

◆━━━━━━━━━━━━━━━━━━━━━━━◆

"누구도 자기 인생에 대한 확고한 구상을 세우지 않으며,

조각조각 단편적으로만 인생에 대해 생각한다.

주소도 목적지도 없으니 우리의 계획은 길을 잃고 헤맨다."

| 몽테뉴 |

"우리는 조류를 거스르는 배처럼 끊임없이 과거로 떠밀려 가면서도 앞으로 계속 나아간다."

스콧 피츠제럴드는 《위대한 개츠비》 마지막 문장에서 이렇게 말했다. 인간은 과거로부터 완전히 자유롭지 못하고, 제자리에 멈출 수도 없다는 의미다. 삶은 안정된 듯 보여도 누구나 길을 잃는 순간을 맞는다. 피하려 애써도 결국 마주하게 된다. 그래서 우리의 삶은 항로를 잃은 배처럼 어디론가 떠밀려가며 쓸쓸한 흔적을 남긴다. 중요한 건 길을 잃고 방황하더라도 나만의 속도와 방향으로 나

아가면 된다. 과거로 떠밀려 가더라도 말이다.

당신은 얼마나 흔들리는 삶을 살아가는가. 배움이 많든 적든, 나이가 많든 적든 어느 누구도 그 흐름에서 벗어나지 못한다. 길을 잃고 헤매는 일은 누구나 겪게 되는 삶의 과정이다. 그때 당신은 그것을 어떤 태도로 맞이할지 물어야 한다. 다시 새로운 길을 찾을 것인지, 아니면 그저 떠밀려 갈 것인지. 르네상스의 사상가 몽테뉴는 《에세 3》에서 방향을 잃은 삶을 이렇게 설명했다.

"가려는 항구가 없는 자에겐 어떤 바람도 유용하지 않다."

몽테뉴에 따르면 우리는 인생 전체를 하나의 항로로 보지 못하고 순간순간마다 단편적으로만 생각하기 때문에 매번 다른 선택을 한다. 목적지가 없으니 매 순간의 판단은 일관성을 잃고, 불어오는 바람에 따라 방향이 바뀐다. 그렇다면 우리는 왜 앞으로 나아가지 못하고 제자리를 맴도는 삶을 되풀이하는가.

그 원인은 세 가지다. 첫째, 인생을 전체로 구상하지 않고 조각조각 단편적으로만 생각하는 태도 때문이다. 다시 말해 확고한 목적에 따라 삶을 전체적으로 계획하지 않으면 구체적인 행동을 통제할 수 없다. 둘째, 욕망과 충동에 따라 그때그때 결정을 내리기 때문이다. 순간마다 욕망이 이끄는 대로 움직이면 계획은 단편적이고 일관성이 없다. 셋째, 궁극적으로 이르고 싶은 목적지를 정하지 않아서다. 그러다 보니 계획은 무의미해지고 결국 수포로 돌아간다.

당신은 방향을 잃을 때마다 어떤 선택을 해왔는가. 만약 조류에 떠밀려 다니며 매번 빈손으로 돌아왔다면, 왜 그렇게 되었는지 자신을 돌아봐야 한다. 당신이 삶을 다시 하나로 구상한다면 어디에서든 전체를 잇는 길을 찾을 수 있다. 인생은 거시적으로 조망해야 한다. 이것이 바로 몽테뉴가 문제 삼은 핵심이다. 그는 사람들이 여러 의견 사이를 떠다닌다고 말했다. 순간의 기분이나 우연한 사건에 매달려 어떤 것도 자발적으로, 어떤 것도 절대적으로, 어떤 것도 한결같이 원하지 않는다는 것이다. 그래서 삶을 전체로 보지 못하는 사람은 실패와 좌절을 되풀이할 수밖에 없다. 그런 행동이 쌓이면 결국 용기를 잃고 아무것도 이루지 못한다. 그러니 이제라도 당신 인생의 빅피처를 그려라.

English transcription page

누구도 자기 인생에 대한 확고한 구상을 세우지 않으며,
조각조각 단편적으로만 인생에 대해 생각한다.
주소도 목적지도 없으니 우리의 계획은 길을 잃고 헤맨다.

> *No one ever forms a firm design for his life; we think of it only in fragments. Having neither address nor destination, our plans lose their way and wander.*

생각하지 말고,
그저 위를 향해 오르라

결단력

"산을 오르는 가장 좋은 방법이 무엇인가?"
"생각하지 말고 그저 위를 향해 오르라."

| 프리드리히 니체 |

1978년 4월 1일, 29세의 무라카미 하루키는 도쿄 메이지 진구 야구장에서 야쿠르트 스왈로스 대 히로시마 카프스의 경기를 관람하고 있었다. 1회 초 미국인 타자 데이브 힐튼이 힘차게 2루타를 날리는 순간 하루키는 돌연 '소설을 써야겠다'라는 강렬한 충동을 느꼈다. 그는 즉시 맥주잔을 내려놓고 경기가 끝나기도 전에 야구장을 빠져나와 근처 문구점에서 펜과 공책을 사서 집으로 향했다. 밤늦게까지 운영하던 재즈 바를 닫은 뒤 텅 빈 주방의 낡은 탁자 앞에 앉아 글을 쓰기 시작했다. 그날 밤의 즉흥적이고 충동적인 이 행동은 그의 첫 작품《바람

의 노래를 들어라》가 되었다. 그에게 완벽한 계획이나 긴 준비 기간은 필요하지 않았다. 오직 지금 이 순간의 결단만으로 충분했다.

이 작품은 이듬해인 1979년 군조 문학상(신인상)을 받으며 그를 공식적으로 작가의 길로 이끌었다. 이후 하루키는 재즈 바를 정리하고 전업 작가의 길을 걷기 시작했다. 특히 1987년에 발표한 《노르웨이의 숲》은 일본뿐 아니라 전 세계에서 수백만 부가 팔리며 젊은 세대에게 강력한 정서적 울림을 주었고, 하루키는 명실상부 세계적인 작가로 자리 잡았다. 이후 그는 《상실의 시대》, 《도쿄 기묘한 이야기》, 《1Q84》 등 걸출한 작품을 발표하며 세계 문학계에 큰 족적을 남겼다. 그의 작품들은 현재까지 50개 이상의 언어로 번역되어 전 세계에서 수천만 부가 넘게 팔려나가고 있다. 무라카미 하루키의 여정은 '순간의 결단'이 삶을 어떻게 바꿀 수 있는지 생생하게 보여준다.

순간의 결단이 지닌 힘

•

- 결단은 계획 이전의 출발이다. 완벽한 준비 없이 시작한 그날 밤의 글쓰기가 하루키의 인생을 완전히 다른 방향으로 이끌었다.
- 불확실한 순간에 즉각적인 행동을 취한 것이 훗날의 큰 성공으로

이어졌다.
- 실천을 통해 하루키는 "나는 소설을 쓸 수 있다"라는 자신의 내면적 확신을 증명할 수 있었다.

　우리는 어떤 일을 시작할 때 언제나 가장 좋은 방안을 모색하느라 바쁘다. 머릿속에서 완벽한 계획이 떠오를 때까지 무작정 기다리기만 한다. 하지만 그 기다림 속에서 인생의 가장 중요한 기회들을 놓치고 만다. 사람들이 행동을 미루는 이유 중 하나는 실패에 대한 두려움 때문이다. 니체는 이렇게 말한다.

　"그대는 생각만 하다가 단 한 번뿐인 삶을 모두 낭비하고 있지 않은가?"

　추운 겨울이 지나고 따뜻한 봄이 찾아오면 산을 찾는 사람들이 많아진다. 산을 오르는 가장 좋은 방법이 뭘까? 니체는 《즐거운 학문》에서 생각하지 말고 그저 위를 향해 오르라고 말한다. 삶도 산을 오르는 것과 마찬가지다. 우리의 삶이 어떻게 펼쳐질지 아무도 모른다. 하지만 한 발도 내딛지 않는다면 아무것도 이룰 수 없다. 우리는 미래를 계획만 하느라 바쁘다. 현재는 늘 불완전하고 미래는 불확실하기 때문에 우리는 불안하고 두려울 수밖에 없다. 하지만 정상에 도달하기 위해 가장 중요한 것은 완벽한 전략이 아니라 지금 당장 한 걸음을 내딛는 결단력이다. 이 발걸음 하나가 멈춰 있던 삶 전체를 다시 움직이게 한다. 행동하는 자와 머뭇거리는 자의 차이가 바로 여기에 있다. 결국 우리가 진정 맞서야 하는 것은 실패의 가능성이나 불확실한 미래가 아니라 지금 발을 내딛지 못하고 망설이는 자기 자신이다.

항상 최적의 방법을 찾느라 고민하는 동안 기회는 지나간다. 결단은 확실한 길을 찾는 것이 아니라 길이 없어도 걷는 일이다. 완벽한 준비를 기다리다 얼마나 많은 기회를 놓쳐왔는지 한번 돌아보라. 완벽한 준비라는 환상에서 벗어나라. 지금 당신 앞에는 또 하나의 갈림길이 있다. 이번에도 완벽한 준비를 기다리며 기회를 흘려보낼 것인가, 아니면 불확실해도 첫걸음을 떼며 앞으로 나아갈 것인가. "만약 실패하면 어떡하지?"라고 묻지 말고 "지금 당장 하지 않으면 영원히 못 하게 된다"라고 스스로에게 말하자. 이제 선택은 당신의 몫이다. 당신의 삶은 지금 어떤 결단을 기다리고 있는가.

English transcription page

"산을 오르는 가장 좋은 방법이 무엇인가?"
"생각하지 말고 그저 위를 향해 오르라."

> "How do I best get to the top of this hill?"
> "Climb it, don't think it, and maybe you will."

일이 즐거우면
인생이 가벼워진다

일하는 기쁨

"목적의 지속성은 장기적인 행복을 이루는 데
가장 본질적인 요소 중 하나이며, 대부분의 사람들에게
이러한 지속성은 주로 그들의 일에서 비롯된다."

| 버트런드 러셀 |

가브리엘 보뇌르 샤넬, 그녀는 그렇게 불리고 싶지 않았다. 가난과 불행의 냄새가 깊게 밴 그 이름이 싫었다. 그녀의 어머니는 일찍 세상을 떠났고, 아버지는 뒤도 돌아보지 않은 채 그녀를 고아원에 맡기고 떠났다. 가브리엘은 평생 자신의 과거를 감추려고 애썼다. 어린 시절을 고아원에서 보냈다는 사실을 차마 인정할 수 없었기에, 그녀는 이모의 집에서 자랐다는 식으로 거짓말을 반복했다. 카바레에서 노래를 부를 때도 새 이름 '코코' 뒤로 숨었다. 하지만 감추려 할수록 진짜 자신의 모습에서 멀어졌고, 그럴수록 과거의 상처는 더욱 선명하게 떠올랐다.

결국 가브리엘은 과거에서 도망치는 대신 자신만의 새로운 세상을 창조하기로 결심했다.

1910년 파리 캉봉가에 문을 연 모자 가게는 그 결심의 시작이었다. 화려한 꽃과 깃털 대신 단순한 검은 리본만으로 장식한 그녀의 모자는 당시 유행과는 완전히 달랐다. 사람들은 고개를 갸웃했지만, 그 낯선 단순함 속에서 뿜어져 나오는 우아함을 발견했다. 결국 사교계의 주목을 받으며 그 모자는 유행이 되었다. 가브리엘이 오랫동안 숨기려 했던 불행한 과거는 어느새 창조적 에너지로 바뀌었다. 비로소 거짓으로 포장할 필요 없이 스스로를 당당하게 드러낼 수 있었다. 그때 가브리엘은 진짜 '코코 샤넬'이 되었다.

세상은 코코 샤넬이 만든 미학을 따라 움직였다. 그 흐름 속에서 그녀는 눈에 보이지 않는 아름다움마저 창조했다. 1921년 그렇게 탄생한 것이 바로 '샤넬 No. 5'였다. 그것은 단지 향수가 아니었다. 어린 시절 홀로 꿈꿨던 품위와 우아함, 아무에게도 빼앗기고 싶지 않았던 자존감을 담아낸 그녀 인생에서 가장 빛나는 작품이었다.

당신이 지금 하는 일은 진짜 당신이 원했던 일인가? 아니면 그저 현실과 타협한 결과인가? 당신의 이름 뒤에 당당히 붙일 수 있는 자신만의 브랜드 하나쯤은 있는가?

버트런드 러셀은 《행복의 정복》에서 일이 주는 가장 큰 장점은 하루를 무엇으로 채울지 고민하지 않아도 된다는 데 있다고 말했다. 만약 당신이 아무 일도 하지 않고 완전히 자유롭게 시간을 쓸 수 있다면 어떨지 상상해 보자. 처음에는 여유를 만끽하겠지만, 곧 공허함과 권태가 찾아오지 않을까. 러셀은 권태에서 벗어나는 가장 확실한 방법이 바로 '일'이라고 강조한다. 일을 하는 사람에게는 성공의 기회가 열려 있고, 자신의 야망을 지속시킬 수 있다. 즉 일을 통해서만 우리는 삶을 더 풍성하고 의미 있게 만들 수 있다.

누군가 지금 하는 일이 진짜 원하는 일인지 묻는다면 어떤 사람은 고개를 떨굴 것이다. 아직 자신이 무엇을 원하는지조차 알지 못하기 때문이다. 어쩌면 당신도 그런 사람 중 하나일지 모른다. 나이가 들어서도 여전히 자신이 원하는 일이 무엇인지 찾지 못해 헤매는 사람이 생각보다 많다. 자신을 설명할 수 있는 단어 하나, 자신 있게 내세울 수 있는 일 하나가 없어 방황하는 이들도 많다. 그렇다면 어떻게 해야 자신이 진정 원하는 일을 찾고, 그것을 자신의 이름 뒤에 당당히 붙일 수 있을까?

버트런드 러셀은 《행복의 정복》에서 일을 재미있게 만

드는 두 가지 조건을 말한다. 그것은 바로 '기술의 발휘'와 '건설'이다. 즉 당신이 가진 능력을 충분히 발휘하고, 무언가를 창조할 때 일은 비로소 의미를 갖는다. 이것이야말로 '퍼스널 브랜딩'의 핵심이다.

먼저 '기술의 발휘'는 자신이 가진 고유한 능력을 명확히 발견하고, 그것을 누구보다 탁월하게 만들어가는 것이다. 퍼스널 브랜딩은 결국 자신의 가장 큰 강점이 무엇인지 깨닫고, 그것을 지속적으로 발전시키는 과정이다. 그러려면 남들이 다 하는 일을 따라 하기보다 자신이 가장 잘하는 것이 무엇인지 철저히 탐색해야 한다.

그다음 '건설'은 그 기술을 바탕으로 자신만의 브랜드를 실질적으로 만들어내는 일이다. 러셀이 말한 건설은 물리적인 것을 넘어 자신의 이름과 정체성, 존재감을 세상에 뚜렷하게 남기는 것이다. 세상 사람들은 단순히 일을 잘하는 사람이 아니라 뚜렷한 정체성을 가진 사람을 기억한다. 코코 샤넬이 자신의 이름을 브랜드로 만들어 오늘날까지 사람들의 기억에 남아 있는 것처럼 말이다.

자신이 원하는 일을 찾지 못했다고 좌절할 필요는 없다. 괜찮다. 오히려 자신을 탐색할 시간이 남아 있다는 뜻이니까. 러셀의 두 가지 원칙을 기억하며 자신을 새롭게 탐색하고, 그 능력을 바탕으로 자신만의 브랜드를 건설해 나간다면 당신의 이름도 분명한 브랜드가 되어 세상 앞에 당당히 설 것이다. 러셀의 '기술·건설' 개념과 연결해 퍼스널 브랜딩을 구축하는 다섯 가지 방법을 정리했다.

퍼스널 브랜딩을 만드는 5가지 철학

·

1 **나의 가치를 명확히 정의하라**

내가 누구인지, 무엇을 잘하고 무엇을 원하는지 명확히 정리한다. 타인과 비교할 수 없는 자신만의 고유한 강점을 발견하고, 그것을 삶의 핵심 가치로 삼는다.

2 **나만의 이야기를 찾아라**

남들이 흉내 낼 수 없는 나만의 경험과 이야기를 발굴하고, 그것을 진정성 있는 메시지로 만든다. 내 삶 자체가 독특한 브랜드 스토리가 되어야 한다.

3 **세상 앞에 자신을 드러내라**

SNS, 글쓰기, 강연 등 자신을 표현할 수 있는 채널을 선택한 후 일관되고 분명한 목소리로 자신을 세상에 알린다. 존재감은 드러낼 때 확실해진다.

4 **사람과의 관계를 통해 브랜드를 확장하라**

나만의 브랜드는 관계 속에서 더욱 견고해진다. 사람들과 소통하고 공감하며 진심 어린 관계를 맺어라. 사람을 통해 내 브랜드의 깊이와 영향력이 확장된다.

5 **끊임없이 돌아보고 새롭게 조정하라**

퍼스널 브랜딩은 한 번 완성되면 끝나는 것이 아니다. 정기적으로 나 자신과 나의 삶을 점검하고, 유연하게 방향을 조정하며 지속 가능한 브랜드로 만들어야 한다.

이 다섯 가지 방법을 잊지 말자. 당신이 진정으로 원하는 일을 찾는 데 탄탄한 토대가 되어줄 지식이다. 물론 그리 쉽지 않을지도 모른다. 하지만 남들이 따라 하는 유행에 휘둘리지 않고, 자신만의 진정한 스타일을 만들어간다면 결국 당신은 삶에서 가장 의미 있는 일을 만나게 될 것이다. 코코 샤넬은 1965년 미국 잡지 〈매콜즈 McCall's〉와의 인터뷰에서 이렇게 말했다.

> "진정한 스타일은 변하지 않는다. 그 외의 모든 것은 그저 스쳐가는 유행일 뿐이다. 유행은 사라지지만 스타일은 영원하다."
> (That is real style. The rest is mode. Mode passes; style remains.)

코코 샤넬은 자신의 아픔을 브랜드로 탄생시켰다. 당신의 삶도 다르지 않다. 당신이 가진 상처와 방황마저도 자신만의 고유한 브랜드로 만들어낼 때 그 일에서 진정한 삶의 기쁨을 발견하게 될 것이다.

English transcription page

**목적의 지속성은 장기적인 행복을 이루는 데
가장 본질적인 요소 중 하나이며, 대부분의 사람들에게 이러한
지속성은 주로 그들의 일에서 비롯된다.**

> *Continuity of purpose is one of the most essential ingredients of happiness in the long run, and for most men this comes chiefly through their work.*

그대가 바로 하나의
장애물이다

소유하지 않는 삶

◆────────────────────────────◆

"사람이 자신을 비우고서 세상을 노닐 수 있다면
그 누가 해칠 수 있겠습니까!"

| 장자 |

《장자》의 첫 편 〈소요유〉는 곤鯤이라는 거대한 물고기가 붕鵬이라는 하늘새로 바뀌는 이야기로 문을 연다. 북쪽 깊은 바다에는 길이가 얼마나 되는지 가늠조차 할 수 없는 곤이 살고 있는데, 이 물고기는 시간이 지나면 수천 리에 이르는 등길이를 가진 거대한 붕새로 변한다. 붕새가 날개를 활짝 펴고 솟아오를 때 그 모습은 마치 하늘 가득 드리운 구름과 같았다. 구만 리 높이 창공으로 치솟은 붕새는 푸른 하늘을 등지고 큰 바람을 타며 남쪽을 향해 힘차게 나아간다. 그러나 매미와 어린 비둘기는 그런 붕새를 비웃는다. 그들에게 날아오른다는 것은 기껏해

야 느릅나무나 박달나무 위에 오르는 일일 뿐이며, 때로는 그조차도 못해 땅에 떨어지기 일쑤였다. 그렇기에 붕새가 왜 힘들게 구만리를 날아 남쪽으로 향하는지 그들은 결코 이해하지 못했다.

장자의 대붕 이야기는 절대 자유의 경지를 드러낸다. 그러나 매미와 어린 비둘기는 작은 가지에 매달려 지금 당장의 안락과 눈앞의 현실에만 안주한다. 다시 말해 세속적 인간은 소유와 집착에 매여 있기 때문에 더 큰 자유를 향해 나아가는 존재를 도저히 이해하지 못한다.

삶에는 두 가지 길이 있다. 하나는 소유하지 않고 자유롭게 사는 길이고, 다른 하나는 소유에 얽매여 노예처럼 살아가는 길이다. 전자는 자기 삶의 주인으로 사는 길이고, 후자는 스스로를 소유물에 팔아넘기는 길이다. 그럼에도 여전히 많은 사람들이 후자의 길을 걷는다. 눈앞의 재산과 명예를 움켜쥐려 애쓰다 보니 그 소유물에 붙잡혀 자기 삶을 잃어버린다.

우리는 왜 자신이 진정으로 원하는 삶을 살지 못하는가? 소유물에 얽매인 순간부터 삶의 주도권을 잃기 때문이다. 또 어릴 때부터 소유를 기준으로 평가받으며 살아왔기 때문이다. 가진 것과 없는 것이 사람의 가치를 가르는 척도가 되면서 우리는 자연스럽게 소유를 삶의 목표로 삼게 되었다. 그러나 소유를 쫓는 순간 자유는 사라지고, 오히려 소유물에 소유 당하는 노예가 된다. 스스로의 의미와 가치를 묻기보다 소유의 양으로 자신을 증명하려 한 것이 우리가 삶의 주인이 되지 못한 가장 큰 이유다.

《장자》 외편 〈산목〉 편의 빈 배 이야기는 이렇다. 사람이 강을 건너다가 빈 배가 흘러와 부딪치면 비록 성격이 옹졸한 사람이라도 화를 내지 않는다. 하지만 그 배에 사람이 타고 있다면 사정은 달라진다. 불러도 대답이 없고, 여러 번 불러도 반응하지 않으면 끝내 분노가 폭발한다. 이전에 화내지 않았던 까닭은 배가 비어 있었기 때문이고, 지금 화내는 까닭은 배에 사람이 있기 때문이다.

장자는 이 짧은 비유로 자기 자신을 비운다는 것이 어떤 삶을 의미하는지 드러낸다. 사람이 마음을 비우면 부딪히는 일이 있어도 다툼으로 번지지 않지만, 집착을 버리지 못하면 작은 마찰에도 곧 분노를 터뜨린다. 결국 갈등과 불행의 원인은 외부가 아니라 비우지 못한 자기 자신에 있다.

당신이 통제할 수 있는 것은 오직 마음뿐이다. 재산·명예·지위 같은 외적 조건은 당신이 뜻대로 바꿀 수 없다. 소유하려는 욕망을 키울수록 더 집착하게 되고, 그 결과는 걱정과 불안만 가득 안게 될 뿐이다. 그러니 당신이 통제할 수 없는 일에는 마음을 두지 말고, 괴로운 상황이 지나갈 때까지 마음을 내려놓아야 한다. 우리를 흔드는 것은 외부가 아니라 자기 마음에 있다. 마음 안에 단단한 중심을 가진 사람만이 세상의 부딪힘 속에서도 흔들리지 않고 삶의 주도권을 끝까지 지켜낸다.

　삶의 주인인지 노예인지를 가르는 기준은 오직 자신만의 길을 걷고 있느냐에 달려 있다. 진정한 자기 자신으로 살지 못하는 이유는 그대 자신이 바로 하나의 장애물이기 때문이다. 중요한 건 그대라는 배를 가득 채운 욕망을 온전히 비워내는 것이다. 그러니 이 한 가지를 반드시 새겨라. 그대는 빈 배처럼 스스로를 비워야 한다. 그러면 비록 삶이 괴로울지라도 아무도 그대를 해치지 못하고, 그대는 마침내 삶의 주인이 된다.

English transcription page

사람이 자신을 비우고서 세상을 노닐 수 있다면
그 누가 해칠 수 있겠습니까!

> *If a man could but empty himself of himself,
> and go about the world, who could do him
> harm!*

운명은 자기 인식에서
시작된다

확신의 힘

◆━━━━━━━━━━━━━━━━━━━━━━━━━━━━◆

"세상의 평판은 우리가 스스로
내리는 평가에 비하면 가벼운 폭군이다.
자신을 어떻게 생각하는가가 사람의 운명을 결정 혹은 암시한다."

| 헨리 데이비드 소로 |

가끔 스스로 어쩔 수 없는 운명의 소용돌이에 휘말려 꼼짝할 수 없다고 느낄 때가 있다. 타인의 평가, 사회의 기준, 피할 수 없는 운명처럼 보이는 것들 사이에서 끊임없이 흔들리며 이러한 질문에 푸념을 내뱉는다. "도대체 어디서부터 잘못된 걸까?", "왜 자꾸만 일이 꼬이는 거지?", "정말 운명이 있어서 그렇게 주어진 대로 살아갈 수밖에 없는 걸까?"

최근 뇌과학 연구 분야에서 주목받는 개념이 있다. 바로 '신경가소성'이다. 신경가소성이란 반복하는 생각과 행동, 감정에 따라 우리 뇌가 스스로의 구조와 회로를 끊임없이 바꾸고 재조직하는 원리다. 다시 말해 신경가소성에 따라 자주 활성화되는 뉴런은 더 강하게 연결되고, 쓰이지 않는 회로는 사라진다. 우리는 자신의 운명이 이미 정해졌다고 믿으며 스스로에게 한계를 긋는다. "나는 원래 이런 사람이야"라고 말하면서 스스로의 변화를 거부할수록 신경가소성이 떨어지고, 삶 또한 이미 짜인 틀 속에서 굳어진다. 다시 말해 스스로 바꿀 수 없다고 믿는 고정된 마음이 뇌, 즉 생각까지 그렇게 만드는 것이다.

헨리 데이비드 소로는 《월든》에서 '자신을 어떻게 생각하는가'가 사람의 운명을 결정한다고 말한다. 왜 소로는 운명이 자신을 어떻게 생각하느냐에 달려 있다고 했을까? 그는 이미 알았다. 신경가소성에 따라 스스로를 작게 보면 뇌는 그에 맞는 선택만 반복하고, 반대로 변화 가능성을 믿는 순간 뇌는 그 믿음을 뒷받침하기 시작한다는 것을. 그래서 소로는 세상의 평판은 우리가 스스로 내리는 평가에 비하면 가벼운 폭군이라고 말한 것이다.

나 자신의 진정한 가치는 내가 나를 어떻게 평가하느냐에 달려 있다. 타인이 나를 규정하는 순간 내 삶은 이미 타인의 것이 된다. 반대로 '내가 생각하는 대로 나타나는 결과가 나의 삶'이라 믿는다면 내 삶의 흐름과 선택은

전적으로 나에게 달려 있다. 우리는 운명의 노예가 아니라 운명을 스스로 설계하고 창조하는 존재다. 운명은 이미 정해진 필연적 숙명이 아니라 나 스스로를 어떻게 바라보느냐에 달려 있는 것이다.

그렇다면 어떻게 해야 내 안에 살아 있는 운명의 창조자를 만날 수 있을까? 자신의 운명을 바꾸는 세 단계를 소개한다.

운명을 바꾸는 첫 번째 단계는 '결별'이다. 결별한다는 것은 단순히 장소를 떠나거나 누군가와 이별하는 게 아니라 과거의 나를 미련 없이 버리는 행위다. 불행하다고 느꼈던 자리, 불편한 타인의 시선, 실패한 과거에서 스스로 벗어나야 한다. 소로가 월든 호숫가 숲속으로 들어갔던 이유다. 그는 더 이상 타인의 기준에 맞춰 살아가지 않겠다는 강한 결심을 했다. 삶의 본질을 마주하기 위해 고독과 침묵의 공간을 선택한 것이다. 우리도 나를 둘러싼 익숙한 불행에서 벗어나지 않으면 결국 같은 자리만 맴돌게 될 뿐이다.

두 번째 단계는 '발견'이다. 돈, 건강, 행복, 재능, 소망 이 모든 것은 만들어지는 것이 아니라 나 자신을 어떻게 생각하느냐에 따라 나타날 뿐이다. 다시 말해 나에 대한 믿음이 나를 만든다. 그러려면 침묵과 고독 속에서 진짜 자기 자신과 마주해야 한다. 내 안에 잠들어 있는 창조적 에너지를 발견하려면 자신만의 목소리를 듣는 시간이 필요하다. 소로는 월든 호숫가에서 홀로 지내며 그 고요함 속에서 자신의 진정한 자아를 발견했다.

마지막 단계는 '확신'이다. 확신이란 생각을 현실로 바꾸는 마음의 힘을 의미한다. 앞으로 다가올 모든 것은 확신의 힘에서 시작된다. 운명의 노예가 아니라 주인으로서 자신이 선택한 삶의 방향으로 자신 있게 나아가려는 태도가 바로 확신이다. 소로는 인간이 자신의 꿈을 향해 자신 있게 나아가며, 상상 속에서 그려온 삶을 살아가고자 노력한다면 전혀 예기치 못했던 성공도 이룰 수 있다고 말한다. 우리 내면에는 스스로 창조자가 되어 운명을 설계할 수 있는 가능성이 있다. 그것을 믿고 행동에 옮기는 사람만이 삶의 방향을 다시 그릴 수 있다. 소로는 《월든》에서 이렇게 말한다.

"공중누각을 지었다면 그 일은 헛되지 않다. 그곳이 바로 누각이 있어야 할 자리다. 이제 그 아래에 기초를 놓아라."

가끔 내가 패배자가 아닐까 하고 의구심이 드는가? 그 의구심을 저 멀리 던져버리자. 단지 결과가 좋지 않았을 뿐 꿈을 추구하며 살아왔던 수많은 시간은 헛되지 않았다. 다시 꿈을 품어라. 이제 그것을 실현하기 위한 현실적 기초를 쌓아야 한다고 소로는 말한다. 중요한 건 이것이다.

"당신은 지금 누구의 설계도로 인생을 살아가고 있는가?"

익숙한 과거와 결별하고, 내 안에 감춰진 창조성을 발견하라. 그리고 생각한 대로 이루어진다고 확신하라. 나의 운명은 이미 시작됐다. 그 운명에 이름을 붙이는 사람은 바로 당신이다.

English transcription page

**세상의 평판은 우리가 스스로 내리는 평가에 비하면 가벼운 폭군이다.
자신을 어떻게 생각하는가가 사람의 운명을 결정 혹은 암시한다.**

> *Public opinion is a weak tyrant compared with our own private opinion. What a man thinks of himself, that it is which determines, or rather indicates, his fate.*

남이 알아주길
바라지 마라

배움의 기쁨

"몰랐던 것을 배우고 때에 따라 익히면 기쁘지 않겠는가?
친구가 먼 곳에서 찾아오면 즐겁지 않겠는가?
남이 나를 인정해주지 않아도 화내지 않는다면
군자(君子)가 아니겠는가?"

| 공자 |

공자는 기원전 551년 노나라에서 태어났다. 집안은 몰락한 귀족 가문이었고, 어린 시절 아버지를 여의어 가난 속에서 성장했으나 배움에 대한 열망으로 스스로 길을 열었다. 그는 정치적 야망을 품고 여러 나라를 떠돌았다. 노나라에서 뜻을 펼치지 못하자 위나라, 진나라, 채나라, 초나라 등지를 전전하며 13년간 방랑했지만 현실 권력에 받아들여지지 않았다. 그 까닭은 정치적 출세에 필요한 아첨을 싫어하고 권력에 영합하지 않는 곧은 성품 때문이었다. 그러나 그 과정에서 드러난 공자의 모습은 때로는 교만했고 지나친 욕망을 드러냈으며, 현실과 동떨

어진 이상만을 고집했다.

사마천의 《사기》 〈노자 한비 열전〉에는 공자와 노자의 만남이 나온다. 공자가 주나라에 머물던 어느 날, 그는 예의 근본을 묻기 위해 노자를 찾아갔다. 노자는 이렇게 대답한다.

"내가 듣건대 훌륭한 상인은 물건을 깊숙이 숨겨 두어 텅 빈 것처럼 보이게 하고, 군자는 아름다운 덕을 지니고 있지만 모양새는 어리석은 것처럼 보인다고 하였소. 그대의 교만과 지나친 욕망, 위선적인 모습과 지나친 야심을 버리시오. 이러한 것들은 그대 자신에게 아무런 도움도 되지 않소."

노자를 만나고 돌아오는 길, 공자는 깊은 생각에 잠겼다. 지금껏 그는 예와 도덕으로 세상을 바로잡을 수 있다고 믿었지만, 노자의 말은 그 믿음을 송두리째 흔들어 놓았다. 교만과 욕망을 버리라는 말, 진정한 군자는 속을 채우되 겉은 비워 두는 것처럼 보인다는 말은 자신이 그동안 붙들고 있던 이상과 전혀 다른 길이었다. 공자는 제자들에게 노자를 용에 비유했다. 노자에게서 자신이 헤아릴 수 없는 깊이를 보았다고 느낀 것이다.

노자에게서 깊은 깨달음을 얻은 공자는 《논어》〈학이〉편에서 이렇게 말한다. 배운 것을 때에 맞게 익혀 갈 때 비로소 즐거움이 생긴다. 또 벗이 멀리서 찾아오면 함께 나눌 수 있어 더욱 기쁘다. 그러나 벗이 오지 않으면 괜스레 서운해지고 인정받지 못한다는 생각에 마음이 답답해지곤 한다. 그렇기에 공자는 사람들이 알아주지 않아도 화내지 않는 마음을 군자의 길로 여겼다.

어설프게 배운 사람은 남의 인정을 바라거나 교만에 빠지기 쉽다. 참된 배움은 인정받으려는 욕심을 버리고, 배우는 과정 자체를 기쁨으로 삼는 것이다. 진정한 배움은 남의 인정에 얽매이지 않고, 배우는 과정에서 스스로를 단단하게 세우는 힘을 길러준다. 공자가 말한 참된 배움의 길을 따르기 위한 열 가지 실천 지침을 정리하면 다음과 같다.

참된 배움을 익히는 10가지 지침

•

1. 배운 것은 반드시 되풀이해 익혀라.
2. 새롭게 알게 된 것을 곧바로 생활에 적용하라.
3. 함께 배우는 벗과 아는 것을 나눠라.
4. 남이 알아주길 바라지 마라.

5 아는 것은 안다고 하고, 모르는 것은 모른다고 말하라.
6 교만을 버리고 겸손을 지켜라.
7 욕망에 이끌리지 말고 과정을 즐겨라.
8 위선적인 태도를 버리고 솔직하게 배워라.
9 헛된 이상만 좇지 말고 현실에서 실천하라.
10 배움 그 자체를 기쁨으로 삼아라.

English transcription page

몰랐던 것을 배우고 때에 따라 익히면 기쁘지 않겠는가?
친구가 먼 곳에서 찾아오면 즐겁지 않겠는가?
남이 나를 인정해주지 않아도 화내지 않는다면
군자(君子)가 아니겠는가?

> *Is it not a pleasure, having learned something, to try it out at due intervals? Is it not a joy to have friends come from afar? Is it not gentleman-like not to take offence when others fail to appreciate your abilities?*

질문을 멈추면
삶도 멈춘다

질문하는 삶

◆ ─────────────────────────── ◆

"캐묻지 않는 삶은 인간에게 살 가치가 없다."

| 플라톤 |

"서양 철학 2000년은 모두 플라톤의 각주에 불과하다."

영국 철학자 앨프리드 노스 화이트헤드의 이 한 문장은 플라톤 철학의 위대함을 가장 명확하게 보여준다. 플라톤이 위대한 이유는 서양 철학 전반에 관한 내용을 수많은 작품에 대화 형식으로 남겼기 때문만은 아니다. 그는 자신의 대화편을 통해 단지 지식을 전하려는 것이 아니었다. 인간이 스스로 질문하고, 스스로 생각하고, 스스로 깨닫도록 이끌기 위해서였다. 플라톤은 스승 소크라테스가 삶을 통해 보여줬던 '질문하는 삶'을 매우 중요하게 생각했고, 이를 삶에서 실천해야 한다고 강조했다. 플라톤은 《소크라테스의 변론》에서 소크라테스의 입을 빌려 말한다. 캐묻지 않는 삶은 인간에게 살 가치가 없다고.

많은 사람이 삶의 명확한 해답을 찾아 헤매거나, 꼼꼼한 계획을 세우느라 앞으로 나아가지 못하고 멈춰 서 있다. 사회가 요구하는 정해진 답을 좇을 때, 완벽한 계획에 따라 무언가가 진행될 때 안정과 성취가 보장되기 때문이다. 하지만 정답만 좇거나 계획에만 몰두하는 삶은 그 한계와 공허함을 뚜렷하게 드러낸다. 이를테면 남들이 부러워하는 경력을 쌓고 사회적으로 안정된 삶을 이뤄내도 우울과 무기력, 자기 존재의 무의미함에 빠지는 경우다.

영국 출신의 희극 배우이자 영화감독 찰리 채플린은 단순히 웃음을 주는 배우가 아니라 끊임없이 삶과 인간에 대해 본질적인 질문을 던진 예술가였다. 그는 영화라는 매체를 통해 무엇이 가치 있는 삶인지 끊임없이 물었다. 자신이 직접 감독, 각본, 주연까지 맡은 영화 〈위대한 독재자〉에서 그는 강렬한 연설을 남겼다. 이 연설은 지금까지도 영화 역사상 가장 위대한 장면 중 하나로 꼽힌다. 연설 내용은 다음과 같다.

> "지식은 우리를 냉정하게 만들었습니다. 생각은 많이 하면서도 가슴으로 느끼는 것은 별로 없습니다. 기계보다 인권이 중요하고 지식보다 친절과 관용이 우선이어야 합니다. 그렇지 않으면 인생은 더욱 불행해질 것입니다."

채플린은 지식을 맹목적으로 수용하거나 무조건 옳다고 믿는 순간 삶은 진정한 의미를 잃는다고 강조한다. 가치 있는 삶이란 단편적인 지식이나 생각만으로 만들어지지 않는다. 아무리 많은 지식을 기계적으로 습득해도 예상치 못한 상황에 부딪히면 당황할 수밖에 없다. 우리가 진정으로 물어야 할 질문은 '무엇이 가치 있는 삶인가'이다.

우리는 삶의 해답을 일시적으로 얻을 수 있지만, 그 자체가 삶의 전부일 수는 없다. 또 세상에 완벽한 계획이란 존재하지 않는다. 오히려 지나치게 계획된 삶은 스스로를 변화로부터 고립시키고, 작은 돌발 상황에도 쉽게 무너지게 만든다. 만약 지금 당신의 삶이 멈춘 것처럼 느껴진다면, 그것은 정답만을 좇아온 삶이 당신에게 질문을 던지는 중이다. 이제 당신이 진짜 질문을 던져야 한다. '나는 누구이고, 무엇을 위해 살아가는가.'

챗GPT에게 질문을 한 적이 있는가. 어떤 내용이라도 물으면 바로바로 답변을 얻을 수 있다. 하지만 그 부작용은 무엇인가? 아무리 편리한 시대가 오더라도 삶의 가장 중요한 문제들은 간단한 정답으로 해결되지 않는다. 가치 있는 통찰은 스스로 고민하고 방황하는 과정에서 얻어진다. 주어진 답변만으로는 결코 내 것이 될 수 없다. 진정한 깨달음과 성장은 언제나 스스로 묻는 힘에서 출발한다. 중요한 건 답이 아니라 그 답을 향한 물음에 더 집중하는 것이다. 사유思惟는 기술이 대신할 수 없다. 삶의 가장 중요한 물음은 결국 우리 스스로 던져야 한다.

당연하다고 여기는 것들에 대해 얼마나 자주 물음표를 던지며 살고 있는가? 당신이 정말로 옳다고 생각할 때, 오히려 그 판단과 전략이 옳은지 스스로 묻고 검증하라. 물론 계획은 자주 실패로 돌아가고, 예상한 대로 흘러가지 않는다. 하지만 괜찮다. 중요한 건 해결할 수 없는 문제들에 대해 질문하고 의심하며 관찰하는 것이다. 지혜는 저절로 생기지 않는다. 그러니 성급하게 결론을 내리지 말고 삶을 음미하라. 진짜 인생의 전환은 질문에서 시작된다.

English transcription page

캐묻지 않는 삶은 인간에게 살 가치가 없다.

> *That for a human being an unexamined life is not worth living.*

Chapter 4

**참고
버티면
언젠가
나아질까**

자기 극복과
성장에
관하여

큰 사명을 이루기 위해서는
먼저 역경을 견뎌야 한다

시련의 의미

"하늘이 장차 이러한 사람에게 큰 임무를 맡기려 할 때에는 반드시
먼저 그 마음과 의지를 고통스럽게 하고 그 근육과 뼈를 수고롭게 하며
그 몸과 살가죽을 굶주리게 하고 그 몸을 곤궁하게 하여 일을 행함에
그가 하고자 하는 바를 어지럽힌다."

| 맹자 |

맹자는 어린 시절 어머니와 함께 세 번이나 이사를 다녔다. 처음 살던 곳은 무덤가 근처였다. 어린 맹자는 장례를 지켜보며 곡을 흉내 내는 놀이를 했다. 그 모습을 본 어머니는 "이는 내 아이를 살게 할 곳이 아니다"라고 말하며 곧 집을 떠났다. 다음으로 이사한 곳은 시장가였다. 이번에는 맹자가 장사하는 것을 흉내 내며 놀았다. 어머니는 또다시 "이는 내가 내 아이를 살게 할 곳이 아니다"라고 말하며 그곳을 떠났다. 두 번의 경험을 통해 마침내 학교 근처로 이사했고, 맹자는 예절과 학문을 배우기 시작했다. 어머니는 "이제야 참으로 내 아이를 살게 할 곳

이다"라고 말하며, 마침내 그곳에 정착했다. 이 이야기가 바로 그 유명한 '맹모삼천지교孟母三遷之敎'다.

맹자의 어린 시절은 가난했다. 어머니의 선택 덕분에 올바른 길로 들어섰지만, 성인이 된 뒤에도 그의 길은 험난했다. 그는 전국시대의 혼란 속에서 제·양·등 여러 나라를 떠돌며 군주들에게 왕도정치를 말했으나 번번이 거절당했다. 힘과 이익으로 백성을 다스리던 패도정치 앞에서 그의 목소리는 힘을 얻지 못했다. 그가 강조한 왕도정치, 곧 인과 의를 바탕으로 하는 정치는 권모술수와 약육강식이 지배하는 현실에서 실현되지 못했다. 그는 평생 제자들을 데리고 떠돌며 생활했고, 현실 정치에서 자리를 얻지 못해 늘 경제적으로 곤궁했다. 이는 하늘이 그에게 평생에 걸쳐 안겨준 시련이었다. 왜 큰 사명을 이루려는 사람은 반드시 먼저 시련을 겪어야 하는가?

때론 벗어날 수 없는 운명에 휘말려 아무것도 할 수 없다는 기분을 느낀 적이 있을 것이다. 그런 순간마다 우리는 자신의 운명을 탓한다. 일을 해도 손에 잡히지 않고, 누군가와 대화를 해도 머릿속에는 같은 질문만 맴돈다.

"왜 나에게만 이런 시련이 오는 걸까?"

이런 물음 하나가 온종일 마음을 짓누른다. 하루 내내 자신과 타인을 비교한다. 그러다 점점 마음이 움츠러든다. 결국 원망과 불평이 터져 나오고, 끝내 억누를 길 없는 분노에 휩싸인다. 나의 삶 전체가 하늘에 의해 조롱당하는 것처럼 느껴진다. 다른 사람은 저렇게 인생이 잘 풀리는데, 왜 나만 이런가?

이렇게 한탄하는 인간을 두고 맹자는 《맹자》〈고자 하〉 편에서 시련의 의미에 대해 말했다. 하늘이 장차 큰 임무를 주려는 자에게 고통을 먼저 안긴다는 것이다. 맹자의 말 속에는 두 가지 뜻이 담겨 있다. 첫 번째 뜻은 시련이 '하늘의 암시'라는 점이다. 지금 마음이 괴롭고 몸이 지치며, 가난과 궁핍 속에서 하고자 하는 일이 번번이 어긋난다면 그것은 앞으로 큰 사명을 맡게 될 것이라는 징표다.

두 번째 뜻은 시련은 '단련과 성장'이다. 시련은 우연한 불행이 아니라 하늘이 '너는 아직 준비가 덜 됐다. 더 단단해져라'라는 뜻을 담아 보내는 방식이다. 따라서 시련은 큰 일을 맡을 사람에게 몸과 마음을 강인하게 단련시키고, 할 수 없던 일을 할 수 있게 만든다. 즉 시련은 마음을 일깨우고 능력을 키우는 과정이다. 맹자는 이렇게 말했다.

"이런 이치를 안 뒤에야 근심과 걱정 속에서 살고, 편안함과 즐거움 속에서 죽는다는 뜻을 알게 된다."

'근심과 걱정 속에서 산다'는 것은 시련이 오히려 삶을 지탱하는 힘이라는 뜻이다. 반면 '편안함과 즐거움 속에서 죽는다'는 것은 안일함이 몰락으로 이어진다는 맹자의 메시지다. 그러니 시련이 닥쳐올 때 좌절하지 말고, 마음을 다잡아 성장을 향한 과정으로 만들어야 한다. 절대로 자신의 고통스러운 삶과 겨루어 무릎을 꿇어서는 안 된다. 살면서 오늘이 가장 최악의 날일 수 있다. 어쩌면 내일은 오늘보다 더 괴로울지도 모른다. 하지만 기억하라. 반복되는 시련은 우리가 삶을 단단하게 설계하고, 끊임없이 단련하며, 궁극적으로 원하는 삶을 이루게 만든다.

피할 수 없다면 고통에서 삶의 진정한 의미를 찾아라. 고통을 회피하려는 사람은 도태되고, 고통을 견디는 사람만이 살아남는다. 삶을 주도하는 힘은 바로 이런 차이에서 나온다. 시련은 삶의 의미를 새롭게 찾는 과정이다. 왜 살아야 하는지 아는 사람은 그 어떤 고통도 견딜 수 있다. 중요한 건 모든 사람의 인생은 나름의 의미가 있다는 것이다. 시련 속에서 그 어떤 의미를 찾아야 한다. 다가올 역경이 오늘의 나를 단단하게 만든다는 믿음을 가져라.

English transcription page

하늘이 장차 이러한 사람에게 큰 임무를 맡기려 할 때에는 반드시 먼저 그 마음과 의지를 고통스럽게 하고 그 근육과 뼈를 수고롭게 하며 그 몸과 살가죽을 굶주리게 하고 그 몸을 곤궁하게 하여 일을 행함에 그가 하고자 하는 바를 어지럽힌다.

> *When Heaven is about to give someone a great responsibility, it first tests their mind through hardship, strains their muscles and bones, leaves their body hungry and poor, and throws their plans into confusion.*

최악의 상황을
미리 염두에 두라

부정적 시각화

"네가 갖고 있지 않은 것들에 대해 마치 벌써 갖고 있는 양 연연해하지 마라. 오히려 가진 것 중에 가장 값진 것을 골라, 만약 네가 그것을 갖지 못했다면 얼마나 그것을 갈망했을지 생각해보라."

| 마르쿠스 아우렐리우스 |

마르쿠스 아우렐리우스는 아침마다 하루를 시작하기 전에 불편한 사람이나 힘든 상황을 미리 생각해보라고 권한다. 그의 말은 우리가 겪는 어려움의 대부분이 사람들과의 관계에서 비롯된다는 점을 분명히 드러낸다. 우리는 좋은 일만 일어나길 바란다. 하지만 인생은 예기치 못한 최악의 상황이 찾아올 수도 있다. 그럴 때 준비가 전혀 되어 있지 않으면 충격과 혼란에 휩싸여 무너지기 쉽다. 그래서 마르쿠스는 미리 최악의 시나리오를 마음속에 그려보는 연습, 즉 '부정적 시각화'를 해보라고 말한다. 이때 당신은 의문이 들 수 있다. 최악의 상황을 미리 생각하는

것이 정말 필요할까? 오히려 부정적인 생각이 불필요한 걱정을 낳고, 실제로 그러한 부정적 사건을 끌어당기게 되는 건 아닐까?

어떤 일을 시작하기 전에 누군가에게 "혹시 이런 안 좋은 일이 생길지도 몰라"라고 말한다면 대부분 이렇게 반응할 것이다. "왜 그런 부정적인 말을 해?", "괜히 그런 생각을 해서 안 좋은 일 생기면 어쩌려고 그래?" 실제로 대부분의 사람은 그런 우려를 품고 있다. 괜한 걱정을 하면 마음이 무거워지고, 그 걱정에 사로잡혀 상황을 실제보다 더 나쁘게 느끼기도 한다. 부정적인 상상은 때로 아무 일이 일어나지 않아도 하루를 어둡게 물들인다. 그래서 '차라리 생각하지 않는 편이 낫다'는 말에 고개를 끄덕이게 되는 것이다.

우리는 마치 불행을 입에 올리는 것만으로도 나쁜 일이 실제로 일어날 수 있다고 믿는다. 그래서 부정적인 상상은 되도록 피하고, 밝은 생각만 해야 한다고 여긴다. 그러나 마르쿠스 아우렐리우스는 《명상록》에서 정반대의 태도를 제안한다. 불행을 외면하지 말고, 오히려 그것을 먼저 마주하라고. 왜일까?

부정적 시각화는 단지 불행을 상상하는 것이 아니다. 다시 말해 하루 종일 최악의 상황을 떠올리며 노심초사하라는 뜻이 아니다. 그것은 오히려 감정의 면역력을 기르는 일이다. 예컨대 직장 상사나 가족이 예민하게 굴거나 무례한 말을 하는 상황을 미리 상상해보자. 막상 그런 일이 벌어졌을 때 마음의 준비가 된 사람은 감정적으로 휘둘리지 않고 의연하게 대응할 수 있다. 이는 결코 상대의 무례함을 참는 것이 아니라 내 감정을 스스로 통제하겠다는 태도다. 마치 올림픽 선수들이 금메달을 따기 위해 이미지 트레이닝을 하듯 우리가 마주할 수 있는 불편한 상황을 미리 멘탈 시뮬레이션하는 것이다. 따라서 부정적 시각화는 걱정을 키우는 것이 아니라 마음의 평정을 미리 단단하게 다지는 효과적인 방법인 셈이다.

더 나아가 마르쿠스는 내가 가진 것 중에 가장 값진 것을 고른 후 만약 그것을 갖지 못했다면 얼마나 그것을 갈망할지 생각해보라고 말한다. 내 삶에서 좋은 것들을 잃을 수 있다고 상상하면 그것들을 더 소중히 여기게 되어 만족감이 커지고, 상실에 대한 막연한 불안 역시 줄어든다는 것이다. 소유한 것에 익숙해져 더 이상 행복을 느끼지 못한다면 상실을 상상하는 연습을 통해 감사한 마음을 갖게 된다.

인생의 밝은 면뿐 아니라 어두운 면까지 응시하는 용기가 필요하다. 최악의 상황을 미리 생각해보라는 말은 겁을 먹고 비관에 젖으라는 뜻이 아니라 현실을 있는 그대로 받아들이려는 태도를 지니라는 말이다. 살아가다 보면 좋은 일만 있을 수 없고, 때로는 감당하기 어려운 시련이 닥칠 수 있다. 어려움이나 불운을 마주할 가능성을 외면하지 않고 정면으로 바라볼 때 우리는 비로소 내면의 힘이 생긴다.

나는 개인적으로 중요한 결정이나 도전 앞에서 늘 최악의 경우를 상상해본다. 처음에는 가슴이 서늘해지지만 이내 "그래, 그 정도 어려움은 각오하자. 그리고 그렇게 되지 않도록 뭐라도 해보자" 하는 마음가짐이 생긴다. 오히려 막연한 불안이 구체적인 걱정으로 바뀌면 대책을 마련할 수 있어 마음이 안정된다. 반면 아무런 대비 없이 낙관만 하다가 일이 틀어지면 크게 무너질 수 있다. 인생의 대부분이 내 뜻과 다르게 흘러감을 인정하고, 피할 수 없는 불행이라면 담담히 받아들이는 지혜가 필요하다.

결국 최악을 염두에 둔다는 것은 인생의 모든 스펙트럼을 껴안는 마음의 준비다. 그렇게 함으로써 어떤 일이 일어나든 운명에 휘둘리지 않고 자기 길을 걸을 수 있다. 행운이 깃들기를 바라되, 불운조차 담담히 마주할 힘을 길러야 하는 이유다.

부정적 시각화를 실천하는 4가지 방법

●

1. **매일 아침 명상 루틴 갖기** | 하루 동안 발생할 수 있는 문제들을 떠올리고, 이에 어떤 자세로 대처할지 계획한다.
2. **사고 시나리오 훈련하기** | 면접, 발표, 중요한 회의처럼 긴장되는 상황을 앞두고 실수를 했을 때 또는 예기치 못한 질문을 받았을 때 응답을 미리 생각해두면 실제 상황에서도 침착함을 유지할 수 있다.
3. **'저널링' 습관 만들기** | 아침에 다짐했던 내용을 저녁에 복기하며, 어떤 상황에서 어떻게 반응했고 그다음엔 어떻게 달라져야 할지를 기록한다.
4. **주기적으로 최악의 상황 연습하기** | 사랑하는 사람의 죽음, 건강의 상실, 재산이나 명예의 소멸 등은 누구에게나 일어날 수 있는 일이다. 이 연습은 일주일에 한 번 조용히 수행하되, 과도하게 몰입하지 말고 반드시 현재에 대한 감사로 마무리해야 한다. 그렇지 않으면 우울감이나 무기력감에 빠질 수 있다.

English transcription page

네가 갖고 있지 않은 것들에 대해 마치 벌써 갖고 있는 양 연연해하지 마라.
오히려 가진 것 중에 가장 값진 것을 골라,
만약 네가 그것을 갖지 못했다면 얼마나 그것을 갈망했을지 생각해보라.

> *Don't indulge in dreams of having what you don't have. Instead, think of the finest of what you do have, and imagine how much you would long for them if you didn't.*

삶은 고통과
권태 사이를 오간다

일상의 완급 조절

"인간의 행복을 가로막는 두 가지 적은 고통과 무료함임을 알 수 있다.
우리는 욕망이나 결핍에 의해 내몰릴 때 고통을 느끼고,
그 둘로부터 벗어날 때 권태를 느낀다.
그러므로 우리의 인생은 사실상 진폭의 차이는 있더라도
이 두 가지 적수 사이를 오가는 것이라고 할 수 있다."

| 아르투어 쇼펜하우어 |

인생을 살면서 권태라는 감정에서 완전히 벗어난다는 것은 사실상 불가능하다. 권태는 매일 똑같은 일상에 흥미를 잃고, 하려던 일조차 손에 잡히지 않는 상태다. 이러한 상태가 오랫동안 지속되면 기분이 우울해지고 무기력해진다. 쇼펜하우어는 권태를 인간 실존에 깊이 뿌리내린 불가피한 감정으로 보았다. 실제로 인간은 욕망이 충족되면 목표를 잃고 흥미가 사라져 지루함을 느낀다. 반면 욕망이 채워지지 않으면 결핍으로 인해 고통을 느낀다. 그래서 쇼펜하우어는 인간의 행복을 가로막는 두 가지 적으로 고통과 권태를 꼽았다.

"외적으로는 궁핍과 결핍이 고통을 낳는 반면 안전과 과잉은 무료함을 낳는다."

쇼펜하우어의 이 말이 무슨 뜻인지 바로 이해할 수 있을 것이다. 이는 인생에서 고통과 권태를 완전히 피할 수 없다는 것을 보여준다. 어느 정도 차이는 있겠지만, 우리는 언제나 고통과 권태 사이를 오가며 살아간다. 예를 들어 새로운 사업을 시작할 때 우리는 결코 지루하지 않을 것이라 믿는다. 온 힘을 쏟을 만한 유일한 길로 그 일을 받아들인다. 처음에는 모든 것이 새롭고, 하루하루가 긴장과 설렘으로 가득 차 있으며, 작은 성과에도 만족과 희열을 느낀다. 하지만 시간이 흐르면서 매일 판에 박힌 듯한 일상과 루틴이 계속되면 처음의 열정은 서서히 사라진다. 사업을 이어가더라도 새로운 시도와 성장을 멈추면 모든 날이 어제와 다를 바 없이 흘러간다. 하루를 시작해도 어제와 다르지 않고, 계획을 세워도 특별히 기대되지 않는다. 물론 겉으로는 예전과 다름없는 안정적인 모습으로 비춰질 수 있다. 하지만 내면은 서서히 무뎌지고 무기력해진다.

권태를 대하는 태도에는 두 가지가 있다. 하나는 권태에 빠져 무기력해지는 것이고, 다른 하나는 그것을 계기로 변화를 시작하는 것이다. 이 두 태도는 시간이 지날수록 전혀 다른 결과를 만든다. 권태에 빠진 사람은 익숙한 현실에 안주한 채 같은 자리를 맴돈다. 그의 하루는 신선함도 없고 긴장감도 사라진 상태다. 매일 똑같은 패턴을 습관처럼 반복하며 매너리즘에 빠져 허우적거린다. 반면 권태를 느끼는 순간 행동하려는 사람은 곧바로 새로운 일과 자극을 찾아 나선다.

앞서 말했듯이 어느 누구도 권태라는 감정에서 완전히 자유로울 수 없다. 인생을 하루하루 흥미롭고 설레는 순간으로만 채울 수 없다는 말이다. 성공한 사업가조차 매일 반복되는 긴 노동 시간과 답답함을 견디지 못해 과감히 사업체를 팔고 경영 일선에서 물러나는 경우가 있으니 말이다.

인생은 고통과 권태 사이에서 일상의 완급을 조절하며 살아가는 과정이다. 권태에서 벗어나려 해도 매일 똑같은 방식으로 산다면 지루함은 계속 찾아오고, 설령 권태에서 벗어나더라도 준비 없는 변화는 곧 맞은편에 있는 고통으로 이어진다. 이것은 삶의 어느 부분만의 문제가 아니라 삶 전체에서 똑같이 반복된다. 사람들은 한때 사랑했던 일이라도 세월이 지나면 지루하고 답답하다고 느낀다. 그런 감정은 나태나 게으름이 아니라 변화 없는 일상에 더는 머물고 싶지 않다는 속마음이다. 권태는 단순히 부정적 감정이 아니라 삶의 속도를 늦추고 방향을 다시 잡는 숨 고르기다. 그러니 지금 삶이 권태롭다면 새로운 시도와 변화를 준비할 때가 된 것이다. 더 멀리 가기 위해 잠시 멈춰 호흡을 가다듬고, 힘을 비축하며 방향을 점검하는 시간을 가져라.

권태에 빠진 사람은 의욕이 없고 한숨만 내쉬며 주변 분위기까지 가라앉힌다. 그는 막연히 변화를 기다리지만, 실제로는 아무도 대신 그 권태에서 끌어내주지 않는다. 권태에 길들여져 당신의 일상을 스스로 감옥으로 만들지 마라. 지루하다고 불평만 하지 말고, 몸을 움직여 일상의 속도를 바꿔라. 간단하지 않은가. 무언가를 하려는 태도가 당신을 무기력에서 끌어올린다는 걸 기억하라. 삶을 전쟁에 비유한다면 권태는 지금까지의 방식으로는 더 이상 싸울 수 없다는 것을 알리고, 삶의 궤도를 바꿔야 한다는 신호탄이다. 권태가 찾아오는 그 순간 새로운 전략과 전술로 전환해야 한다. 그러니 오늘 단 한 번이라도 좋으니 새로운 시도를 해보자. 사소한 변화 같아 보여도 그것이 쌓이면 권태와 고통 사이에서 균형을 잡는 힘이 되어 당신의 삶을 바꿀 것이다.

English transcription page

인간의 행복을 가로막는 두 가지 적은 고통과 무료함임을 알 수 있다. 우리는 욕망이나 결핍에 의해 내몰릴 때 고통을 느끼고, 그 둘로부터 벗어날 때 권태를 느낀다. 그러므로 우리의 인생은 사실상 진폭의 차이는 있더라도 이 두 가지 적수 사이를 오가는 것이라고 할 수 있다.

> *The two enemies of human happiness are pain and boredom. Pain is felt whenever we are driven by desire or need; boredom, whenever we are free from both. Thus human life, though it varies in degree, oscillates constantly between these two.*

춤추듯 살아야
삶이 가벼워진다

삶을 가볍게 만드는 기술

◆─────────────────────◆

"그대들 자신을 뛰어넘어 웃는 법을 배우도록 하라.
그대 멋진 춤꾼들이여,
활짝, 더욱 활짝 가슴을 펴라! 건강한 웃음 또한 잊지 말고!"

| 프리드리히 니체 |

"나는 아무것도 원하지 않는다. 나는 아무것도 두려워하지 않는다. 나는 자유다!"

소설 《그리스인 조르바》를 쓴 니코스 카잔차키스의 묘비명에 적힌 글이다. 진정한 자유란 무엇일까? 《그리스인 조르바》는 저자인 카잔차키스가 직접 만났던 실존 인물 '조르바'와의 만남에서 비롯된 이야기다. 소설 속에서 화자인 '나'는 크레타 해안에 위치한 폐광을 임차하고 새로운 삶을 시작하려던 참이었다. 항구 도시 피레에프스에서 우연히 만난 조르바는 움푹 팬 뺨과 강인한 턱, 젯

빛 머리칼, 날카롭고도 예리한 눈빛을 가진 남자였다. 그는 자신의 작업에 방해가 된다며 손가락마저 도끼로 잘라 버린 삶을 온몸으로 부딪히며 사는 자연인이었다.

화자는 책과 사유의 세계에만 갇혀 살아왔지만, 조르바를 만나 비로소 인생이 한편의 동화라는 사실을 깨닫는다. 갈탄광 사업이 완전히 무너지고 꿈도 희망도 산산조각 난 그날, 폐허 위에 서서 뜻밖에도 춤을 추자고 먼저 말한 사람은 조르바가 아니라 화자였다. 조르바는 화자의 이 제안을 듣고 얼굴 가득 황홀한 미소를 지으며 그리스의 야성적인 군인의 춤, 제임베키코를 가르쳐 주었다. 그들은 함께 춤을 추었다. 맨발로 땅을 밟으며 몸을 던져 솟구쳐 오르던 조르바의 모습에서 화자는 처음으로 자유를 느꼈다.

그렇다면 왜 하필 화자와 조르바는 무너진 폐허 위에서 춤을 추었을까? 왜 삶의 모든 것이 실패한 순간에 오히려 두 사람은 춤을 통해 삶의 자유를 느꼈을까? 그것은 진정한 자유란 삶이 무너지는 순간에도 주저앉지 않고, 발을 들어 올려 춤추듯 삶을 맞이하는 태도임을 두 사람 모두 알고 있었기 때문이 아닐까.

니체는 《차라투스트라는 이렇게 말했다》에서 인간 정신의 세 가지 변화 단계를 '낙타-사자-아이'에 비유한다. 첫 번째 단계인 낙타의 삶은 삶이 주는 무게에 짓눌려 무거운 발걸음을 내딛는 모습을 상징한다. 매일매일 그저 무탈하게 살아가는 것 외에는 아무런 욕망도 이상도 없는 사람을 떠올려보라. 그들은 큰 위험도, 모험도 없이 그저 안정적인 직장, 한결같은 급여, 편안한 소파 위에서 텔레비전을 보는 소소한 일상에 만족한다. 그들은 아무런 변화도 도전도 원하지 않는다. 삶은 그들에게 그저 반복적으로 흘러가는 하루하루일 뿐이며, 그 반복에 익숙해질수록 그들은 점점 더 현실의 안락한 중력에 눌려 한 발짝도 떼지 못하게 된다. 바로 이것이 니체가 말한 낙타의 정신, 즉 마지막 인간의 모습이다.

> 낙타의 삶 : 삶이 주는 무게에 짓눌려 무거운 발걸음을 내딛는 모습
> 사자의 삶 : 삶을 너무 진지하게 대하는 모습
> 아이의 삶 : 삶을 놀이처럼 웃으며 가볍게 바라보는 모습

두 번째 단계인 사자의 삶은 삶을 너무 진지하게 대하는 모습을 상징한다. 즉 사자는 중력에서 벗어나 자유를 쟁취하지만, 여전히 삶을 지나칠 정도로 진지하게 바라보는 태도를 버리지 못한다. 늘 세상과 싸우며 현실을 비

판하고, 세상의 모든 것이 잘못되었다고 끊임없이 분노하며 저항하는 사람들을 떠올려보라. 그들은 작은 일조차 웃어넘기지 못하고, 매 순간 긴장하고 경직된 태도로 삶을 바라본다. 삶 전체가 투쟁이고 전쟁이며, 스스로 만든 진지함의 무게 속에서 오히려 스스로를 억압하는 존재가 되어 버린다. 바로 이것이 니체가 말한, 사자의 정신이 웃는 법을 배우지 못한 모습이다.

니체는 《차라투스트라는 이렇게 말했다》에서 인간은 자기 자신을 넘어서, 그 위로 춤추며 오르는 법을 배우지 못했다고 말한다. 우리 모두 삶의 무게에 붙들려 무거운 발걸음으로 힘겹게 살아가고 있기 때문이다. 그렇다면 우리는 왜 삶이 무겁고 힘겹기만 한가? 삶의 무게에서 벗어나 진정 가볍게 살 수 있는 방법은 무엇인가?

삶이 주는 무게란 우리가 살아가며 겪는 고통스러운 사건들이다. 때로는 불안과 스트레스 때문에 잠을 이루지 못하거나, 반복되는 일상에 지쳐 삶이 무겁고 답답하게 느껴진다. 사실 삶이 버거운 이유는 그 무게에 맞설 힘이 없어서가 아니라 단지 버티고만 있기 때문이다. 그래서 니체는 낙타와 사자 두 삶의 모습을 뛰어넘어 세 번째 단계인 아이의 삶을 살라고 말한다. 아이는 중력에서 자유롭게 벗어나 춤추듯 리듬감 있게 살고, 삶을 놀이처럼 웃으며 가볍게 바라보는 존재다. 당신은 아이처럼 삶을 살아가고 있는가? 만약 지금 낙타나 사자의 단계라면 이제 자신을 되돌아보고, 삶을 가볍게 만드는 춤추는 법과 웃는 법 두 가지 기술을 배워야 한다. 그 이유는 분명하다.

먼저 춤추는 법을 배운다는 것은 삶의 무게에서 벗어나 리듬감 있게 살아가는 태도를 말한다. 아름다운 음악이 강약과 고저, 음과 쉼이 어우러질 때 탄생하듯 삶도 마찬가지다. 다시 말해 춤추는 삶이란 삶의 강약과 음표, 쉼표를 따라 리듬감 있게 살아가는 삶이다. 삶이 무거운 이유는 하나의 음표만 계속 누르고 있기 때문이다. 음악에서 음표가 삶의 다양한 사건과 문제와 어려움이라면, 강약과 쉼표는 그것을 견디고 극복하고 다시 회복하는 삶의 방식이다. 리듬감 있게 산다는 건 잠시 쉬어가는 법, 때로는 강렬하게 맞서는 법, 때로는 조용히 물러나 기다리는 법을 배우는 것이다.

그리고 웃는 법을 배운다는 것은 삶을 너무 진지하게 대하지 않고 놀이처럼 가볍게 살아가는 태도를 말한다. 다시 말해 삶을 진지한 투쟁이 아니라 유쾌한 놀이처럼 웃으며 살아가라는 의미다. 마치 모래성이 파도에 휩쓸려 무너지더라도 다시 성을 쌓는 아이처럼, 삶이 실패로 괴로울지라도 그것을 놀이처럼 여기고 웃으며 초월하는 존재가 되어야 한다. 아이는 항상 과거를 잊고 새로운 시작을 하며 삶을 있는 그대로 긍정한다.

아이처럼 춤추고 웃을 수 있을 때 비로소 삶은 짐이 아닌 놀이가 된다. 우리가 진정으로 멀리 나아가려면 삶의 중력을 이기고 음악의 리듬에 맞춰 춤추듯 살아가는 존재가 되어야 한다. 춤과 웃음이야말로 삶의 무게와 좌절을 넘어 우리를 진정 자유로운 존재로 이끈다. 마치 조르바처럼 슬픔도 한탄도 없이 모래 위에서 맨발로 춤을 출 수만 있다면, 당신은 깨닫게 될 것이다. 춤추듯 사는 삶이란 결코 패배자의 몸부림이 아니라 삶의 모든 무거움을 벗어 던지고, 스스로 위로 솟구치는 자유의 몸짓이라는 것을.

English transcription page

그대들 자신을 뛰어넘어 웃는 법을 배우도록 하라.
그대 멋진 춤꾼들이여, 활짝, 더욱 활짝 가슴을 펴라!
건강한 웃음 또한 잊지 말고!

> *Learn to laugh beyond yourselves! Lift up your hearts, ye good dancers, high! higher! And do not forget the good laughter!*

왜 늘 같은 이유로
시작조차 하지 않는가

시도하지 않는 삶

◆───────────────────────────────◆

"선생님의 도를 좋아하지 않는 것은 아닙니다만
저의 역량이 부족합니다"라고 염구(冉求)가 말하자 공자가 말했다.
"역량이 부족한 자는 중도에 멈춘다.
그런데 지금 너는 스스로 멈추는구나."

| 공자 |

모두가 역량이 부족해서 중간에 하던 일을 멈출 수밖에 없다고 생각한다. 실제로 시작은 했지만 역량이 모자라 중도에 멈추는 사람이 있다. 그런데 스스로의 부족함을 핑계 삼아 아예 시작조차 하지 않으려는 사람들도 있다. 어차피 시도해도 역량이 부족해서 중간에 그만둘 거라고 생각해서다.

"왜 그들은 같은 이유로 시도조차 하지 않을까?"
"왜 이런 상황에서 늘 멈추는 걸까?"

앞으로 나아갈 힘은 있지만 의욕이 없어 스스로 포기하는 사람들. 그들의 진짜 문제는 스스로 한계를 긋는 행위다. 이는 나약한 의지 때문에 스스로 경계를 긋고 물러서는 태도다. 즉 부족한 것은 역량이 아니라 의지다.

《논어》〈옹야〉 편에서 공자의 제자 염구 또한 도를 따르지 못하는 이유가 역량 부족 때문이라고 말했다. 그러자 공자는 역량이 부족하면 길을 가다 중도에서 멈출 뿐, 염구가 시도도 해보기 전에 스스로 한계를 긋고 있다고 지적했다. 공자는 염구가 역량 부족을 핑계로 삼고 있을 뿐 실제로는 더 나아가려 하지 않는다고 본 것이다. 이는 역량 부족이 아니라 의지박약의 문제다. "지금 너는 스스로 멈추는구나"라는 공자의 말은 아직 시도조차 하지 않았는데 스스로 할 수 없다고 결론을 내려버린 상태를 가리킨다. 염구의 문제는 스스로 한계를 긋고 포기하려는 나약한 의지에 있었다.

비슷한 출발선에서 시작한 이가 더 멀리 나아가고 있다면 그것은 역량의 차이가 아니라 끝까지 버티려는 의지의 차이다. 당신이 그 길을 가기로 마음먹었다면 다른 사람과 비교하지 말고 묵묵히 그 길을 걸어가면 된다. 역량이 있더라도 시도조차 하지 않는다면 끝내 그 길의 끝에 이를 수 없다. 만약 지금 멈추려는 이유가 역량이 부족해서라고 여긴다면 그건 착각일 가능성이 크다.

계문자는 세 번 생각한 이후에 행동했다. 공자가 그 말을 듣고 말했다.

"두 번만 생각하고 행동해도 괜찮다."

춘추시대 노나라의 대신이었던 계문자는 어떤 일을 하기 전에 반드시 세 번 깊이 고민한 후 행동하는 신중한 관리였다. 이런 그의 태도를 듣고 공자는 지나친 신중함이 도리어 실행을 가로막을 수 있다고 지적했다. 두 번만 생각하고 행동해도 충분하다고 말이다. 공자가 제안한 가장 좋은 방안은 머뭇거리며 세 번 헤아릴 필요 없이 두 번이면 족하다는 것이다. 그렇게 멈추지 않고 걸어간 사람은 끝내 길을 잃지 않으며, 어떤 상황에서도 흔들리지 않는 자신만의 기준을 얻게 된다. 반대로 앞만 보고 나아가려는 사람에 대해서도 지적했다. 지나친 의욕은 오히려 스스로를 막다른 길로 몰아넣을 수 있다. 인생은 속도가 아니라 방향이다. 너무 빨리 달리면 인생의 진면목을 보지 못하고, 주마간산처럼 허망하게 스쳐 지나갈 뿐이다.

인생에서 시작은 무엇보다 중요하다. 지금 당장 출발하지 않으면 아무리 좋은 길도 무의미하다. 그러니 스스로를 속이지 말고 나아가라.

"선생님의 도를 좋아하지 않는 것은 아닙니다만 저의 역량이 부족합니다"라고 염구(冉求)가 말하자 공자가 말했다. "역량이 부족한 자는 중도에 멈춘다. 그런데 지금 너는 스스로 멈추는구나."

> Ran Qiu said, "It is not that I do not delight in your Way, but my strength is insufficient." The Master said, "Those whose strength is insufficient give over in the middle of the way, but now you limit yourself."

실패할지라도
다시 그 길을 사랑하라

자기 실수 용서하기

"실패했을 때는 계속 반복해서 시도하고, 네가 인간으로서 바르게
살아가려고 온 힘을 다해 애쓰고 있다는 사실에 기뻐하며,
네가 무수히 실패하는데도 끝까지 추구하고 있는 그 길을 사랑하라."

| 마르쿠스 아우렐리우스 |

인간은 누구나 필연적으로 실패를 경험한다. 삶은 무수히 반복되는 성공과 실패의 끊임없는 연속이며, 실패를 피할 수 있는 사람은 아무도 없다. 대개 성공하면 자신을 자랑스럽게 생각하지만, 실패하면 자신을 쉽게 비난하며 부끄러워한다. 그러나 중요한 것은 실패 그 자체가 아니라 실패 후 자신을 어떤 태도로 대하는가이다.

"왜 우리는 이렇게 쉽게 좌절하고 포기하는가?"
"무엇이 우리를 다시 일어서지 못하게 만드는가?"

우리가 실패 앞에서 쉽게 무너지는 이유는 실패를 부끄러운 것으로 여기기 때문이다. 실패할 때마다 자신의 능력과 가치를 의심하고, 쉽게 자기비난과 실망에 빠진다. 실제로 우리는 성공한 사람들의 화려한 결과만 보며 그들이 실패와 무관한 삶을 살았을 거라고 착각한다. 하지만 성공한 이들의 대부분도 수없이 많은 실패의 경험 위에서 비로소 그 자리에 올라섰다. 그들이 성공한 원인은 특별히 더 뛰어난 능력이나 남다른 행운을 가진 것이 아니라 실패 후에도 포기하지 않고 끝까지 자신의 올바른 원칙과 목표를 지켜냈기 때문이다. 여기서 우리가 기억해야 할 것은 '좌절 속에서 어떻게 반응하는가'에 따라 성공과 실패가 달려 있다는 사실이다.

마르쿠스 아우렐리우스는 《명상록》에서 올바른 원칙을 따랐다면 성공하지 못했더라도 좌절하거나 의기소침해하지 말아야 한다고 말한다. 실패한 순간 좌절과 절망이 우리를 압도할지라도, 우리가 해야 할 일은 포기가 아니라 애초에 세웠던 원칙으로 다시 돌아가는 것이다. '올바른 원칙을 따른다'라는 것은 자신의 본성과 일치하는 삶을 살며 그 자체로 만족하는 것을 의미한다. 매번 노력한다고 해서 항상 뜻대로 되지는 않지만, 그때마다 좌절하는 대신 초심을 기억하고 다시 출발하면 된다.

누구나 실패하지만 중요한 것은 실패 이후 다시 일어설 수 있는가이다. 올바른 길을 걷고 있다면 한 번의 실패 때문에 자기 자신에게 환멸을 느끼거나 영영 포기할 이유는 없다. 만약 지금 걷고 있는 길이 내가 진정으로 걸어가야 할 길이라고 생각한다면 자신의 본성에 어긋나지 않았다는 것이 아닐까? 그러니 가능한 한 빨리 다시 궤도에 오를 수 있도록 끈기를 장착해야 한다. 마르쿠스가 반복적인 시도를 강조하며 올바르게 살아가려는 자신의 모습에 기뻐하라고 말한 이유도 여기에 있다. 가장 중요한 태도는 수많은 실패 속에서도 끝까지 그 길을 추구하는 나 스스로를 사랑하는 것이다. 실패 앞에서 무너지지 않고 다시 일어서는 힘은 결국 자신의 존재 자체를 수용하고 긍정할 때 나온다. 자기 자신의 실수나 패배를 용서하는 일은 자신을 있는 그대로 받아들이는 태도, 즉 니체가 말한 '운명애(아모르 파티)'의 출발점이다.

　실패를 숙명으로 여겨 주저앉을 것인가, 아니면 실패를 발판 삼아 다시 일어날 것인가에 따라 인생의 방향이 결정된다. 나에게 선택할 자유가 있다는 사실이 오히려 희망적이지 않은가. 당신도 이제 알게 되었을 것이다. 삶이 언제나 완벽하지 않기에 때론 그 길에서 벗어날 수 있지만, 언제든 올바른 방향으로 돌아설 수 있는 능력이 자신에게 있다는 것을.

English transcription page

실패했을 때는 계속 반복해서 시도하고, 네가 인간으로서
바르게 살아가려고 온 힘을 다해 애쓰고 있다는 사실에 기뻐하며,
네가 무수히 실패하는데도 끝까지 추구하고 있는 그 길을 사랑하라.

> *When you have failed, return back again,*
> *and be content if most of what you do is*
> *consistent with human nature, and love the*
> *path to which you return.*

무기력은
어디에서 오는가

내면강화

◆━━━━━━━━━━━━━━━━━━━━━━━◆

"행복이란 무엇인가? – 힘이 증가된다는 느낌,
저항이 극복되었다는 느낌."

| **프리드리히 니체** |

아침에 기상, 전차로 출근, 사무실 혹은 공장에서 보내는 네 시간, 식사, 전차, 네 시간의 노동, 식사, 수면 그리고 똑같은 리듬으로 반복되는 월, 화, 수, 목, 금, 토 이 행로는 대개의 경우 어렵지 않게 이어진다. 다만 어느 날 문득, "왜?"라는 의문이 솟아오르고 놀라움이 동반된 권태의 느낌 속에서 모든 일이 시작된다.

프랑스 철학자 알베르 카뮈가 《시지프 신화》에서 말한 것처럼 현대인은 매일 아침 한 손엔 아메리카노 한잔, 다른 한 손엔 스마트폰을 들고 졸음을 억지로 밀어내며

지하철을 타고 직장으로 간다. 월요일부터 금요일까지 같은 시간, 같은 자리, 같은 풍경 속에서 사람들은 조용히 묻는다. '이걸 왜 하지?' 이 질문이 감정의 저수지 밑바닥에 가라앉아 있다가 어느 순간 떠오른다.

또 아무리 노력해도 변하지 않고 뚜렷한 성과나 결과 없는 현실 앞에서 '아무리 해도 안 된다'라는 생각에 짓눌려 산다. 특히 가족을 돌보고, 생계를 유지하느라 자신의 감정을 억누르며 살아온 사람들은 스스로를 돌보는 힘마저 잃어버렸다. 자기 자신이 누구인지 잊은 채 그저 하루하루를 이어갈 뿐이다. 왜 이렇게 됐을까. 바로 삶의 의미를 상실했기 때문이다. 반복되는 일상과 목표 없는 노동 속에서 내가 왜 이것을 해야 하는지에 대한 진짜 이유가 사라졌기 때문이다.

카뮈는 《시지프 신화》에서 그리스 신화 속 인물인 시지프의 반복되는 형벌을 이야기한다. 산 정상으로 거대한 바위를 밀어 올리지만, 정상에 이르면 바위는 다시 굴러 떨어진다. 이 반복되는 형벌로 고통을 겪는 시지프는 삶의 무의미한 반복 속에서 지친 현대인의 모습과 다르지 않다. 우리는 "왜 살아야 하는가", "이 모든 반복에 어떤 의미가 있는가"를 묻지만 세상은 어떤 답도 주지 않는다. 그게 바로 카뮈가 말한 부조리의 시작점이다. 부조리란 인간이 의미를 찾고자 하는 열망과, 침묵으로 일관하는 세계 사이에서 발생하는 긴장이다. 다시 말해 인간은 의미를 찾으려 하지만, 세계는 침묵한다. 그 침묵 속에서 반복되는 일상은 질문 없는 삶으로 굳어지고, 질문이 사라진 자리엔 무기력이 자란다. 그래서 카뮈는 이렇게 말한다.

"인생이란 살 가치가 있느냐 없느냐?"

카뮈가 던진 이 질문 앞에서 삶이 살 가치가 없다고 느낄 때의 감정 상태를 한마디로 정의하면, 그것은 '무기력'이다. 무기력은 어떤 감정도 나를 움직이지 못하게 만드는 상태, 즉 내 안의 에너지가 완전히 소진된 상태를 말한다. 다시 말해 삶의 추진력을 가로막는 주요 감정이 바로 무기력이다. 독일의 철학자 니체는 《안티크리스트》에서 행복을 '힘이 증가된다는 느낌, 저항이 극복되었다는 느낌'이라고 표현했다. 반대로 무기력은 힘이 사라지고 약함이 지배하는 상태다.

우리가 무기력하게 된 원인은 니체가 말한 '힘에의 의지의 결여'에 있다. 니체는 '모든 추동적 힘은 힘에의 의지'라고 말한다. 힘에의 의지가 약하면 삶의 자극에 반응하지 않고 무기력, 혼란, 감정의 마비에 떠밀려 살아가는 존재가 된다. 반면 힘에의 의지가 강하면 살아 움직이는 느낌, 곧 삶의 추진력이 생긴다. 다시 말해 힘에의 의지는 삶을 앞으로 나아가게 하는 내면의 근원적 추진력이다.

그렇다면 무기력한 감정으로 아무것도 하고 싶지 않을 때는 어떻게 해야 할까? 무기력한 현실을 견딜 수 있도록 내면을 강화해야 한다. 삶이 무의미하게 느껴지고 무기력이 반복된다면 다음과 같은 구체적인 방법으로 내면을 단련해보자.

내면을 강화하는 4가지 훈련

•

1. **자기 질문 훈련** | 매일 스스로에게 질문을 던진다. '왜 이 길을 가고 있는가?', '이 선택은 진정한 나의 생각인가, 아니면 타인의 기준인가?' 이 질문들은 삶의 방향을 다시 설정해주며, 무기력에 휩쓸리지 않고 내면의 의지를 단단히 하는 출발점이 된다.
2. **가치의 우선순위 정립** | 삶의 기준이 외부에 있으면 쉽게 흔들리지만, 내부에 있으면 단단해진다. 따라서 외부의 기준을 따르는 삶이 아니라 자신만의 명확한 기준을 세우는 것이 삶의 주도권을 되찾는 가장 중요한 일이다.
3. **실패의 재구성** | 실패하거나 좌절한 경험을 새롭게 바라보고 다시 의미를 부여한다. 실패를 회피하지 않고 직면하며, 그것을 깊이 이해하는 힘은 내면을 더 단단하게 만든다.
4. **독서와 사유** | 독서와 사유를 통해 자신만의 흔들림 없는 생각

의 축을 세운다. 그것은 무기력한 감정에 생기를 불어넣는 자양강장제와 같은 역할을 한다.

시지프가 바위를 다시 밀어 올리는 그 순간, 그는 결코 불행하지 않았다. 그 순간만큼은 자신의 운명과 정면으로 마주하기 때문이다. 시지프는 무의미한 반복 속에서도 삶을 포기하지 않고 다시 바위를 밀어 올리는 자다. 중요한 건 삶이 무의미하다는 사실을 깨닫고도 그 삶을 끝까지 살아내는 것이다. 당신이 어디쯤 멈춰 서 있는지 스스로에게 물어라. 지금 무기력하다면 그것은 다시 살아갈 이유를 찾으라는 내면의 목소리다.

English transcription page

행복이란 무엇인가? - 힘이 증가된다는 느낌,
저항이 극복되었다는 느낌.

> What is happiness? – The feeling that power
> increases – that resistance is overcome.

내면의 소리를
의심하지 마라

직관의 힘

◆────────────────────────────────◆

"내면에서 울려오는 목소리는 희미하기는 해도 의심할 여지없이 진실하다.
따라서 끊임없이 속삭이는 그 진실의 소리에 귀를 기울여 보자.
처음에는 혹시라도 그것이 어떤 극단적인 행위나 미친 짓으로 자기 자신을
이끄는 것이 아닌지 걱정이 되기도 할 것이다. 그러나 의지를 굳히고 신념을
키워 가다 보면, 그 길이 바로 우리가 나아가야 할 방향임을 깨닫게 된다."

| 헨리 데이비드 소로 |

　최근 몇 년간 MBTI가 하나의 유행처럼 자리 잡았다. 사람들은 이제 자기소개 대신 MBTI 유형 네 글자로 서로를 가늠하며 상대방의 성향을 파악한다. MBTI 중에서 가장 흥미로운 구분은 세상을 받아들이는 방식, 바로 '감각형(S)'과 '직관형(N)'이다. 감각형 사람들은 오감에 의존하며 실제 경험을 중요시한다. 그들은 눈앞에 드러난 현재에 초점을 맞추고, 명백한 증거와 실적에 따라 행동하며, 현실에서 멀리 떨어진 공상과 직감을 조심스레 밀어낸다. 반면 직관형은 육감이나 영감에 의존하며 눈에 보이지 않는 흐름을 느끼고, 현재보다는 미래지향적이어서

아주 작은 단서에서도 커다란 가능성을 읽는다.

우리는 감각형과 직관형 중 무엇이 더 좋다고 쉽게 판단할 수 없다. 감각형은 당장 주어진 현실에 지나치게 집중하다 보니 장기적 비전이나 큰 그림을 놓치기 쉽다. 반면 직관형은 때로 실현 가능성이 낮은 꿈에 빠져 현실에서는 정작 실행에 이르지 못하는 경우가 많다. 당신은 어떤 유형인가? 눈앞에 보이는 사실만 믿고 사는가, 아니면 아직 드러나지 않은 어떤 가능성만을 추구하는가.

우리는 눈에 보이지 않는 무한한 가능성보다 눈에 보이는 확실한 것을 더 추구하는 경향이 있다. 하지만 눈앞에 드러난 현상에만 매몰되어 결과에만 지나치게 의존하면 멀리 내다볼 수가 없다. 삶의 중요한 순간들에서 우리를 이끄는 강력한 힘은 늘 보이지 않는 직관력이다. 그런데 우리는 종종 내면에서 들리는 목소리를 외면한 채 살아간다. 왜 그럴까? 이유는 간단하다. 내면에서 울리는 목소리가 희미하게 들리기 때문이다.

소로는 내면에서 울리는 목소리는 희미하기는 해도 의심할 여지 없이 진실하다고 말한다. 그래서 끊임없이 속삭이는 그 진실의 소리에 귀를 기울여 보라고 말한 것이다. 직관이란 뚜렷한 이유나 설명 없이 어렴풋이 들린다. 직관이란 바로 그런 것이다. 직관에 따른 삶이란 결국 자기 내면의 진짜 목소리에 따라 살아가는 일이다.

그렇다면 직관력을 키우기 위해 무엇을 해야 할까? 일상에서 내면에 조금씩 귀를 기울이는 연습이 필요하다. 무엇보다 중요한 건 머릿속에서 문득 떠오르는 예감을 놓치지 말고 바로 알아차리는 것이다. 예를 들어 샤워할 때, 산책할 때, 멍때릴 때 문득 '그 일을 다시 시작해볼까?' 하는 생각이 떠오른다면 그것을 잡는 것이다. 이런 알아차림이 반복될수록 직관에 따라 삶을 선택하는 일이 점점 쉬워진다.

직관력을 키우는 또 다른 방법은 기록이다. 뿌옇게 떠오른 직감을 글로 적으면 더욱 명확해진다. 불현듯 떠오른 느낌이나 설명되지 않는 감정들을 메모하며 자유롭게 생각을 펼쳐보는 습관을 들여보자. 창조적인 생각을 쏟아내는 브레인스토밍의 효과를 이미 알고 있을 것이다. 직관력을 최대한 끌어올리려면 어떤 형식이나 틀에 얽매이지 않아야 한다. 중요한 것은 나의 무의식을 표현한 글이 나에게 어떤 울림을 남기는가이다.

당신은 하루에도 몇 번씩 풀리지 않는 고민에 이리저리 휩쓸리고 있지 않은가? 삶의 중요한 결정을 앞두고 늘 비슷한 문제로 흔들리고 있다면 잠시 눈을 감고 스스로에게 묻자. '지금 내 안에서 어떤 직관력이 나를 이끌고 있는가.' 오랫동안 아무런 결과를 내지 못했더라도 끊임없이 내면을 바라보면 문득 섬광처럼 스치는 깨달음이 찾아온다. 아무 이유 없이 끌려 읽은 책에서 깊은 영감을 얻은 적이 있을 것이다. 전혀 예상하지 않았던 곳에서 인생의 중요한 아이디어를 발견한 적도 있을 것이다. 그럴 땐 잠시 멈춰 직관의 울림을 놓치지 말아야 한다. 때론 이유 없이 끌리는 쪽이 있다. 모두가 말리는 길이지만, 마음이 끌리는 쪽이 있다.

직관에 따른 삶은 오랫동안 놓았던 꿈을 다시 시작해 보는 일일 수 있다. 예를 들어 아이를 키우면서 경력이 끊어졌지만 망설였던 공부나 작은 창업, 혹은 미뤄둔 취미를 다시 꺼내 드는 일처럼 말이다. 오늘부터 끊임없이 속삭이는 그 진실의 소리에 귀를 기울여 보자. 내 안에서 들려오는 내면의 소리를 의심하지 마라. 그게 또 다른 나의 길일 수 있다.

English transcription page

내면에서 울려오는 목소리는 희미하기는 해도 의심할 여지없이 진실하다.
따라서 끊임없이 속삭이는 그 진실의 소리에 귀를 기울여 보자.
처음에는 혹시라도 그것이 어떤 극단적인 행위나 미친 짓으로
자기 자신을 이끄는 것이 아닌지 걱정이 되기도 할 것이다.
그러나 의지를 굳히고 신념을 키워 가다 보면,
그 길이 바로 우리가 나아가야 할 방향임을 깨닫게 된다.

> *If one listens to the faintest but constant suggestions of his genius, which are certainly true, he sees not to what extremes, or even insanity, it may lead him; and yet that way, as he grows more resolute and faithful, his road lies.*

한 줄기의 긍정과 목표로
나를 이끌어라

삶의 궤적 그리기

"내 행복의 공식 : 하나의 긍정, 하나의 부정,
하나의 직선, 하나의 목표."

| 프리드리히 니체 |

헤르만 헤세의 소설 《싯다르타》의 주인공 싯다르타는 세상에서 가장 지혜로운 사람으로 살고자 했지만, 어느 순간 세속의 한복판에서 향락의 삶을 살고 있었다. 뱃사공 바주데바를 통해 강을 건너 도시로 들어온 그는 유명한 기생 카말라를 만나 육체적 사랑의 쾌락을 알게 되고, 상인 카마스와미로부터 부와 명예의 달콤함을 배웠다. 사색과 기다림, 단식으로 세상의 욕망에서 멀리 떨어져 있던 싯다르타가 이토록 극단적인 향락을 선택한 이유는 무엇일까? 싯다르타는 카말라에게 이렇게 말한다.

"대부분의 사람들은 말이야, 카말라. 바람에 나부껴 공중에서 이리저리 빙빙 돌며 흩날리다가 나풀거리며 땅에 떨어지는 나뭇잎 같은 존재야. 그러나 얼마 안 되는 숫자이긴 하지만 어떤 사람들은 하늘에 있는 별 같은 존재로서 고정불변의 궤도를 따라 걸어. 그들은 자기 자신의 내면에 그들 나름의 법칙과 궤도를 지니고 있거든."

 삶에서 흔들리지 않으려면 자신만의 법칙과 궤도를 가져야 한다. 그렇지 않으면 바람에 흔들리는 나뭇잎처럼 이리저리 나뒹굴게 된다. 삶의 궤적이란 내가 살아오면서 선택하고 행동한 것들이 모여 만들어진 내 삶의 뚜렷한 방향과 흐름이다. 그것은 내가 무엇을 원하며 무엇을 소중히 여기는지 보여주고, 내가 무엇을 향해 살아왔으며 앞으로 어떤 사람으로 살아갈지를 드러낸다. 물론 그런 궤적을 그리는 삶을 살기란 쉽지 않다. 실제 많은 사람이 흔적은 남기지만 뚜렷한 궤적을 그리지는 못한다. 그렇다면 어떻게 해야 나만의 법칙과 궤도를 지닐 수 있을까?

 니체는 《우상의 황혼》에서 자신의 행복 공식을 적었다. 바로 '하나의 긍정, 하나의 부정, 하나의 직선, 하나의 목표'다. 이 네 가지는 새로운 삶의 궤적을 그리기 위한 실천적 지침이다.

1 **하나의 긍정** | '예스'라고 말하는 자기 긍정 훈련이다

있는 그대로의 나를 받아들이고, 과거의 상처와 한계까지 긍정하라. 자신이 받아들이지 못한 실패와 불안, 외모 그리고 과거의 상처까지 '그럼에도 불구하고 예스!'라고 말하는 훈련을 반복한다. 이것이 바로 '아모르 파티 Amor fati', 곧 자신의 운명을 사랑하는 태도다. 매일 아침 오늘의 나에게 예스라고 말할 이유를 한 가지씩 적어보자.

2 **하나의 부정** | 스스로를 속이지 않는 훈련이다

자기합리화와 핑계를 대는 습관, 그리고 남의 눈치만 보며 살아온 습관에서 벗어나라. 매일 10분 동안 습관처럼 내뱉는 변명을 적고 곧바로 지우는 시간을 갖는다. 마음에 들지 않는 습관이나 태도에 대해 주저하지 말고 단호히 '아니'라고 말하라. 그리고 SNS에 포장된 내 모습, 괜찮지 않으면서 괜찮은 척한 장면을 떠올리며 솔직히 인정한다. 그 순간 비로소 자기기만에서 벗어날 수 있다.

3 **하나의 직선** | 미루거나 피하지 않고 내가 정한 길을 끝까지 가는 훈련이다

늘 뒤로 미뤄온 일 하나를 골라 생각 대신 행동하라. 니체가 말한 '직선의 삶'은 삶을 앞으로 나아가게 하는 추동력, 즉 '힘에의 의지'다. 힘에의 의지는 매일매일 내가 선

택한 길 위에 존재의 의미를 새겨 넣는 일이다. 우회하거나 망설이는 모습을 알아차리는 즉시 작은 행동이라도 시작한다.

4 **하나의 목표** | 어떤 사람이 될 것인지 분명히 정하는 훈련이다

1년 뒤 내가 어떤 일을 하고 어떤 관계 속에 있으며, 어떤 태도로 살아가고 있을지 기록하라. 그리고 그것을 이루기 위해 오늘 해야 할 일들을 계획한다. 예를 들어 작가가 목표라면 매주 글 한 편을 쓰거나 매일 30분 동안 책을 읽는 것처럼 목표와 연결된 행동 하나를 정하고 꾸준히 반복한다.

삶에는 수많은 선택지가 있다. 하지만 모든 길을 동시에 걸을 수는 없다. 중요한 것은 하나의 길을 온전히 내 길로 받아들이고, 그 길 위에서 삶을 끝까지 살아내는 것이다. 어떤 답도 밖에서 얻을 수 없다. 정답만 좇다가는 결국 어디에도 닿지 못한 채 겉돌게 된다. 우리는 내면에 단단한 삶의 무게 중심을 두어야 한다. 그래야 매 순간 선택의 기로에 섰을 때 오롯이 자신만의 삶의 궤적을 그릴 수 있다. 삶의 궤적이란 타인의 시선을 거부하고, 내 안의 별을 따라 걷는 일이다. 그것이야말로 니체가 말한 진정한 행복이다.

English transcription page

내 행복의 공식 : 하나의 긍정, 하나의 부정, 하나의 직선, 하나의 목표.

> *The formula of my happiness: a Yea, a Nay, a straight line, goal.*

고통은 불운이 아니라 행운일 수 있다

관점 연습

◆─────────────────────────────◆

"이런 일이 나에게 일어나다니, 나야말로 불운하구나!" 천만에!
그렇게 말할 것이 아니라 이렇게 말하라.
"나는 이런 일을 당했는데도 고통을 겪지 않았고, 현재의 불운에도 망가지지 않고 미래의 고통도 두렵지 않으니, 나야말로 행운아로구나!"

| 마르쿠스 아우렐리우스 |

북방의 변방 마을에 한 노인이 살았다. 어느 날 노인이 아끼던 말이 집을 나가 돌아오지 않았다. 사람들은 안타까워하며 위로했지만 노인은 흔들림 없이 말했다. "이것이 또 행운인지 누가 알겠소?" 며칠 뒤 말이 다른 말들과 함께 돌아오자 마을 사람들은 모두 기뻐하며 축하했다. 노인은 역시 무덤덤하게 응했다. "이것이 불행인지 누가 알겠소?" 그런데 이번에는 말을 타던 아들이 떨어져 다리가 부러졌다. 사람들은 다시금 위로했지만 노인의 표정은 변함이 없었다. "이것이 행운인지 누가 알겠소?" 얼마 뒤 전쟁이 터졌고 젊은이들은 모두 전쟁터로 끌려 나

가 대부분 목숨을 잃었다. 그러나 노인의 아들은 다친 다리 덕분에 전쟁에 나가지 않아 죽음을 면하게 되었다.

이 이야기는 중국의 고전 《회남자》의 〈인간훈〉 편에 나온 것으로, 여기에서 고사성어 '새옹지마塞翁之馬'가 유래했다. 변방의 노인이 겪은 일화를 바탕으로 만들어진 말로, 길흉화복은 쉽게 예측할 수 없다는 인생의 교훈을 담고 있다.

우리는 삶에서 예상치 못한 고통이나 불행과 마주칠 때 스스로를 불행한 존재라 단정한다. 그런데 우리가 겪는 고통은 진정한 불운인가, 아니면 고통마저도 행운으로 바꿀 수 있는 관점의 문제인가? 흔히 사람들은 고통이나 역경을 단순히 불행한 일로 받아들인다. 삶이란 본래 고통은 피하고 행운만 좇는 것이라 생각하기 때문이다. 그러나 우리가 만나는 역경은 때로 성장과 성공의 밑거름이 되기도 한다.

마르쿠스 아우렐리우스는 《명상록》에서 자신에게 닥친 일을 단순히 불운이라고 단정 짓지 말라고 조언했다. 그에 따르면, 중요한 것은 사건 자체가 아니라 그것에 어떻게 반응하느냐이다. 고통스러운 일을 당하고도 무너지지 않고 견딜 수 있다면 그것이야말로 진정한 행운이라고 그는 강조한다. 그런 일은 누구에게나 일어날 수 있지만, 그런 일을 당하고도 고통을 겪지 않는 것은 누구에게나 주어지는 것이 아니기 때문이다.

'안티프래질Antifragile'이라는 말을 들어본 적이 있는가? 이는 레바논 출신의 수리금융학자이자 철학자인 나심 탈레브가 제시한 개념으로, 불확실성과 리스크에 관한 그의 연구를 대표하는 핵심 개념이다. 안티프래질은 외부의 충격이나 스트레스를 받을 때 단순히 견디는 것을 넘어 오히려 더 성장하고 강해지는 성질을 의미한다. 깨지기 쉬운 존재가 충격에 의해 쉽게 부서지는 반면, 안티프래질 한 존재는 그 충격을 기회로 삼아 더욱 견고해지고 발전한다. 예를 들어 인간의 근육이 운동이나 훈련으로 미세한 손상을 입을수록 회복하면서 더 단단하고 강력해지는 것처럼 말이다.

결국 충격을 받을수록 더 강력해지는 능력을 갖춘 존재야말로 진정한 강자라고 할 수 있다. 인생에서 피할 수 없는 고통과 마주쳤을 때 그것을 어떻게 바라보고 어떻게 받아들일지 결정하는 것은 온전히 우리의 몫이다. 만약 고통을 단순히 불운으로 규정하고 좌절하거나 분노에 빠진다면 그 고통은 상처만 남긴다. 물론 고통의 한복판에서 이와 같은 통찰을 얻기란 쉽지 않다. 하지만 고통에 대한 새로운 관점을 연습할 때 비로소 우리는 진정한 행운과 성장의 기회를 만날 수 있다.

새옹지마 이야기 속의 노인은 운명의 파도 앞에서도 일어난 일을 성급히 판단하지 않았다. 좋은 일이라 해서 들뜨지 않았고, 나쁜 일이라 해서 흔들리지 않았다. 그가 가진 힘은 사건 자체가 아니라 사건을 바라보는 관점의 힘이었다. 삶이 주는 고통 속에서 새로운 의미를 발견하며 다음과 같은 질문을 곱씹어보자.

"많은 세월이 흐른 후 돌아봤을 때 괴로웠던 순간은 피해야 할 불운이 아니라 지금의 나를 단단하게 빚어준 또 하나의 행운이 아니었을까?"

English transcription page

"이런 일이 나에게 일어나다니, 나야말로 불운하구나!" 천만에! 그렇게 말할 것이 아니라 이렇게 말하라.
"나는 이런 일을 당했는데도 고통을 겪지 않았고, 현재의 불운에도 망가지지 않고 미래의 고통도 두렵지 않으니, 나야말로 행운아로구나!"

> *"Unhappy am I, because this has happened to me!" Nay rather: Happy am I, though this has happened to me, because I continue free from pain, neither crushed by the present nor fearing the future.*

Chapter 5

**내면의 부를
어떻게
쌓을 수
있을까**

더 높은 삶과

행복에

관하여

성공을 위해
행복을 희생하지 마라

성공의 대가

"나는 성공은 행복의 한 가지 요소에 불과하기 때문에
성공하기 위해서 나머지 요소들을 모두 희생한다면 지나치게
비싼 대가를 치른 셈이라고 생각한다."

| 버트런드 러셀 |

마릴린 먼로는 화려한 조명 아래에서 미소 지었지만, 그녀의 내면은 그 빛만큼이나 어두웠다. 본명이 노마 진인 그녀는 아버지의 얼굴을 한 번도 본 적이 없었고, 어머니마저 정신질환으로 양육 능력을 상실하자 고아원과 위탁가정을 떠돌며 외로운 유년 시절을 보냈다. 세상에 속하지 못한 고독한 소녀는 영화 속 배우들을 보며 자신도 저렇게 훌륭한 존재가 되어 사람들에게 사랑받기를 간절히 꿈꾸었다.

1950년대 〈신사는 금발을 좋아해〉와 〈7년 만의 외출〉로 마침내 그녀는 꿈을 이뤘다. 사람들은 그녀를 할리우

드 영화 산업의 상징적 인물이자 세계 최고의 '섹시 심벌' 스타로 불렀고, 그녀의 금발과 미소 하나하나에 환호했다. 하지만 먼로는 이런 시선에 진심으로 만족한 적이 없었다. 그녀에게 성공이란 돈이나 화려한 이미지가 아니라 자신의 존재가 진정으로 가치 있게 인정받는 것이었다. 그래서 그녀는 1972년 〈미스 매거진Ms. Magazine〉과의 인터뷰에서 이렇게 말했다.

"나는 돈에 관심 없어요. 단지 훌륭한 사람이 되고 싶었을 뿐이에요."

그러나 현실에서 먼로는 점점 상품화된 이미지로만 소비되었고, 배우로서 인정받으려 노력할수록 사람들은 그녀를 가벼운 섹시 이미지로만 바라봤다. 먼로는 성공할수록 자신이 누구인지 점점 잊었고, 불면과 우울증 그리고 약물에 시달리며 내면의 평화를 잃어갔다. 화려한 명성과 부는 그녀의 진정한 자아와 인간으로서의 존엄과 평온을 지켜주지 못했다.

버트런드 러셀은 《행복의 정복》에서 성공은 행복의 요소 중 하나에 불과하다고 말했다. 성공을 위해 나머지 모든 것을 희생한다면 대가는 지나치게 크다. 무한 경쟁 사회를 살아가는 현대인은 단순히 성공을 갈망하는 데서 그치는 것이 아니라 성공 그 자체를 인생의 목표로 삼는다. 하지만 성공을 얻기 위해 다른 모든 삶의 요소들, 예컨대 자아의 존중, 내면의 평화, 사랑과 우정, 건강한 인간관계 등을 포기한다면 결과적으로 성공을 얻더라도 그 삶은 너무 비싼 희생을 치른 셈이다.

러셀은 성공 자체가 잘못되었다고 말하는 것이 아니다. 그는 일정한 시점까지는 돈이 행복을 증진시킬 수 있다고 말한다. 문제는 성공이라는 한 가지 요소만을 절대화하고, 그로 인해 다른 중요한 행복의 요소들을 쉽게 희생해 버리는 데 있다.

오늘날 사람들은 성공하는 방법을 모르는 게 아니다. 인터넷과 유튜브에 '성공'이라는 단어만 검색하면 몇 초 안에 성공의 비결이 쏟아진다. 우리 역시 그 비밀을 이미 알고 있다. '분명한 목표를 설정하라, 현실적인 계획을 세워라, 미루지 말라, 우선순위에 따라 실행하라, 실패해도 포기하지 마라, 매일 적당한 수면·운동·독서 루틴을 설계하라.' 이러한 성공 법칙을 알고 있지만 실행에 옮기지 못할 뿐 충실히 따른다면 언젠가 성공할지도 모른다. 그런데 의아한 점이 있다. 왜 누구는 성공을 한 후에도 여전히 불행하고, 왜 누구는 성공 후에 더 초라해질까? 러셀은 이렇게 말한다.

"성공, 그 자체를 인생의 목표로 삼고 있는 한 권태의 먹이가 될 수밖에 없다."

러셀은 성공 신화에 빠진 현대인에게 날카롭게 묻는다. "당신은 성공 이후의 삶에 대해 생각해 본 적이 있는가?" 목표 자체가 성공이라면 성공 다음의 목적은 무엇인가. 우리가 갈망하는 성공은 사실 종착점이 아니다. 성공은 하나의 과정이고, 삶의 전체 맥락 안에서만 의미가 있다. 성공 자체를 삶의 최종 목적지로 삼은 사람은 그 성공에 도달한 순간 삶에서 가장 중요한 것을 잃고 만다. 바로 목적과 의미를 잃는 것이다.

단언컨대 대부분의 사람은 성공한 후에 무엇을 할지 모른다. 그래서일까. 성공 후 오히려 공허함과 허무함 그리고 무력감에 빠진다. 성공한 다음에 무엇을 할지 몰라 권태롭게 방황하는 사람이 얼마나 많은지 주위를 둘러보면 금방 알 수 있다. 성공이 왜 사람을 행복하게 만들지 못할까? 성공이 행복으로 연결되지 못한다면 그것은 성공을 목적으로 삼았기 때문이다. 그래서 마릴린 먼로는 성공의 절정에서 이렇게 고백했다.

"명성은 언젠가 사라질 거예요. 하지만 적어도 경험했으니 충분해요. 어차피 내가 살고 싶은 삶은 이곳이 아니었으니까요."

성공은 당신의 인생을 채우는 수단일 뿐 인생 그 자체가 아니다. 중요한 건 성공을 얻은 뒤 그것을 가지고 무엇을 할지 미리 준비해야 한다는 것이다. 진짜 성공이란 당신의 삶에서 이루어지고 완성되는 것이며, 당신이 삶을 통해 어떤 사람이 되는가이다. 러셀이 우리에게 말하는 바는 간단하다. 성공을 맹목적으로 좇지 말라는 것이다.

"나는 성공을 위해 무엇을 희생하고 있는가?"
"그 희생은 어떤 가치가 있는가?"
"내가 이루고자 하는 성공이 정말 나를 행복하게 하는가?"

이 질문을 잊지 말기를 바란다. 당신이 이루고자 하는 성공 뒤에 무엇이 기다리는지 반드시 돌아보라. 진정한 성공은 당신을 행복하게 하는 성공뿐이다. 삶을 채우는 진짜 의미와 가치를 발견하라.

English transcription page

나는 성공은 행복의 한 가지 요소에 불과하기 때문에
성공하기 위해서 나머지 요소들을 모두 희생한다면
지나치게 비싼 대가를 치른 셈이라고 생각한다.

> *What I do maintain is that success can only be one ingredient in happiness, and is too dearly purchased if all the other ingredients have been sacrificed to obtain it.*

영혼의 부는
돈으로 살 수 없다

내면의 부

"높은 차원에서 너그러운 삶을 사는 사람이라면
낮은 차원에서 손해 볼 일이란 없다.
남아도는 부는 쓸데없는 사치품을 사는 데만 필요할 뿐이다.
돈으로는 영혼에게 필요한 것을 단 한 가지도 살 수 없다."

| 헨리 데이비드 소로 |

"자네, 돈이 하나도 없는 사람과 돈이 너무 많은 사람의 공통점이 뭔 줄 아나? 사는 게 재미가 없다는 거야."

드라마 〈오징어 게임〉의 마지막 순간에 게임의 설계자이자 숨겨진 주최자인 노인 오일남이 주인공 성기훈에게 건넨 말이다. 오일남은 막대한 부를 가졌지만, 삶의 무료함과 공허를 견디지 못해 사람 목숨을 담보로 하는 극단적인 게임을 만들어낸 사람이다. 그와 대조적으로 성기훈은 도박 중독으로 감당할 수 없는 빚더미 위에 놓여, 빚 독촉과 신체 포기 각서까지 써야 하는 처참한 상황에

놓인 인물이다. 그래서 성기훈은 딸의 양육비와 노모의 치료비를 마련하기 위해 목숨을 걸고 465억 원의 상금이 걸린 미스터리한 데스 게임에 참여한다. 수많은 사람의 죽음을 목격하며 극한의 경쟁 속에서 기훈은 결국 최후의 승자가 되어 엄청난 상금을 손에 쥔다. 하지만 돌아온 현실은 더욱 공허하고 비통했다.

대부분의 사람은 돈이 없을 때 현실적인 고통을 겪는다는 걸 알기에 돈만 충분하다면 모든 문제가 해결될 거라 기대한다. 진정한 행복은 돈, 명성, 사회적 지위에 있다고 믿기 때문이다. 하지만 실제로 돈이 많은 사람조차 무언가 부족함을 느낀다. 그래서 헨리 데이비드 소로는 말한다.

"돈으로는 영혼에게 필요한 것을 단 한 가지도 살 수 없다."

결국 우리가 채워야 하는 진짜 부는 물질이 아니라 내면이다. 내면이 가난한 사람은 아무리 돈이 많아도 불안하고, 내면이 부유한 사람은 돈이 적어도 풍요롭다. 그렇다면 이제 우리는 진정한 부富란 무엇을 의미하는지 다시 생각해볼 필요가 있다. 정말로 돈의 많고 적음이 부를 결정하는 유일한 기준일까?

소로는 《월든》에서 인간 내면에는 서로 충돌하는 두 가지 본능이 있다고 보았다. 하나는 야생적이고 원시적인 충동이며, 다른 하나는 더 높고 영적인 삶을 향한 본능이다. 인간은 이 두 본능 사이에서 시계추처럼 끊임없이 오가며 살아간다.

인간은 이기적인 존재이므로 물질에 집착하는 상태에서 최고의 진리와 가치를 인식하기가 어렵다. 그래서 인간은 본능적으로 낮은 차원에 머무는 게 더 쉽다. 그런데 물질적 욕망을 추구하는 것에 어떤 문제가 있을까? 왜 꼭 낮은 차원에서 더 높은 차원의 삶으로 넘어가야 할까? 물질적 욕망을 따라가다 보면 사실 만족이란 있을 수 없다. 돈으로 채울 수 있는 욕망은 밑 빠진 항아리처럼 끊임없이 부어도 결코 끝이 없다. 많이 가질수록 무거워진다면 그것은 부가 아니라 짐이다. 그래서 소로는 이렇게 말한다. "삶이란 내가 가장 부유할 때 가장 빈곤해 보인다."

반면 영혼의 풍요로움은 그 자체로 충분하고 완전하다. 내면의 부를 쌓는 사람은 가진 것이 많든 적든 이미 충만한 삶을 살고 있다. 그래서 소로는 야성의 충동을 넘어서 더 높은 차원의 삶을 추구할 때 내면의 부가 축적된다고 보았다. 다시 말해 인간은 낮은 차원에서 높은 차원으로 상승하는 삶을 살 때 비로소 진정한 부를 누릴 수 있다. 여기서 '높은 차원'이란 물질적 욕망을 넘어 내면의 자산을 풍요롭게 하는 삶을 의미한다.

당신의 생각은 어떠한가. 아직도 우리가 진정 채워야 할 부가 돈이라고 생각하는가. 과연 돈만 많으면 행복해질까? 물론 돈이 아예 없다면 하루하루 생활을 이어나가기 힘들고 불편할 것이다. 하지만 이 세상에는 돈으로 살 수 없는 것들이 많다. 사랑, 존엄성, 평온함, 너그러움, 도덕성, 지혜 같은 내면의 부는 돈과 교환할 수 없다. 중요한 것은 무엇을 가졌느냐가 아니라 무언가에 흔들리지 않는 내면을 소유했느냐에 있다. 내면의 부는 스스로 채우는 것이지, 외부에서 가져오는 것이 아니다. 아무리 돈이 많아도 욕망의 노예라면 진정한 부자라 할 수 없다. 돈이 충분하지 않아 이 삶이 재미없는가? 아니면 남들이 부러워하는 커다란 성공을 거둬도 여전히 인생이 허무한가? 항상 무언가 부족하다고 느껴진다면 인생에 별다른 의미를 둘 만한 일이 없어서다. 그래서 〈오징어 게임〉의 노인 오일남은 이렇게 말한다.

"뭘 하면 좀 재미가 있을까?"

English transcription page

높은 차원에서 너그러운 삶을 사는 사람이라면
낮은 차원에서 손해 볼 일이란 없다.
남아도는 부는 쓸데없는 사치품을 사는 데만 필요할 뿐이다.
돈으로는 영혼에게 필요한 것을 단 한 가지도 살 수 없다.

> *No man loses ever on a lower level by magnanimity on a higher. Superfluous wealth can buy superfluities only. Money is not required to buy one necessary of the soul.*

스스로를 높이는 순간
무너짐은 시작된다

드러내지 않음의 미덕

◆━━━━━━━━━━━━━━━━━━━━━━━━━━◆

"발돋움해 억지로 서면 오래 서 있지 못하고,
다리를 너무 벌려 걷는 사람은 제대로 나아갈 수 없다.
스스로를 드러내려는 사람은 현명하지 못하고, 자기 의견만 옳다고
여기는 사람은 인정받지 못하며, 스스로 자랑하는 사람은 공이 없고,
스스로를 뽐내는 사람은 오래 가지 못한다."

| 노자 |

인간은 쉽게 과시하려는 욕망에 사로잡힌다. 그런데 과도하게 드러내면 오히려 인정받지 못한다. 그리스 신화에 나오는 나르키소스의 이야기는 이를 잘 보여준다. 나르키소스는 물에 비친 자기 모습에 매혹되어 샘가를 떠나지 못했고 결국 그 자리에서 생을 마쳤다. 그의 죽음 위로 한 송이 꽃이 피어나자, 사람들은 그의 이름을 따서 그 꽃을 나르키소스라 불렀다. 오늘날 우리가 수선화라 부르는 꽃이다. 여기서 자기애를 지칭하는 '나르시시즘^{Narcissism}'이라는 말이 비롯되었다. 자기 모습에 도취해 남보다 우월하다고 믿는 태도를 우리는 나르시시즘이라고 한다.

나르시시즘은 자기 자신을 지나치게 사랑하는 태도다. 스스로를 특별하다고 믿고 끊임없이 드러내려 하지만, 사실 그 안에는 불안한 마음이 숨겨져 있다. 물론 자신을 사랑하는 일은 누구에게나 필요하다. 그러나 그것이 지나치면 사랑이 아니라 집착이 된다. 자신을 특별하게 보이려는 과도한 욕망은 내면의 불안과 결핍을 감추려는 가면일 뿐이다.

나르시시스트Narcissist는 자신감이 높아서 자신의 능력과 가치를 실제보다 높게 평가한다. 그래서 도전적인 일을 마다하지 않는다. 자신을 드러내고 주목받으려는 태도는 강한 리더십으로 작용할 수 있다. 일단 목표를 세우면 밀어붙이는 추진력도 강하다. 반면 그들은 타인의 감정에는 무심하고, 타인을 자신의 욕구를 채우는 수단으로 대하기도 한다. 외부 인정에 크게 의존하므로 비난이나 비판 앞에서는 쉽게 상처받는다.

노자는 《도덕경》에서 이렇게 말한다. 발돋움해 억지로 서면 오래 서 있지 못하고, 다리를 너무 벌려 걷는 사람은 제대로 나아갈 수 없다고. 다시 말해 나르시시즘에 빠진 사람은 스스로를 높이려 하지만 오래 버티지 못한다. 스스로를 드러내려는 사람, 자기 의견만 옳다고 여기는 사람, 스스로 자랑하는 사람, 스스로를 뽐내는 사람.

노자가 말한 이들처럼 과도하게 자신을 드러내고 자랑할수록 내면의 중심을 잃게 되어 결국 무너질 수밖에 없다.

　당신도 끊임없이 자신을 드러내려 하는가? 스스로를 특별한 존재라고 믿는가? 건강한 자존감은 자신을 긍정하고 받아들이는 데서 시작된다. 스스로의 강점과 약점을 인정하고, 타인과 안정된 관계를 맺는다. 반대로 나르시시즘은 자신을 특별한 존재로 꾸며야만 한다는 강박에서 비롯된다. 넘치지 않는 삶은 모자란 삶이 아니다. 이미 충분하기 때문에 더 보태지 않고, 억지로 드러내지 않아도 되는 삶이다. 그보다 더 중요한 건 넘치지도 않고 부족하지도 않은 적정한 삶을 유지하는 것이다.

English transcription page

발돋움해 억지로 서면 오래 서 있지 못하고, 다리를 너무 벌려 걷는 사람은 제대로 나아갈 수 없다. 스스로를 드러내려는 사람은 현명하지 못하고, 자기 의견만 옳다고 여기는 사람은 인정받지 못하며, 스스로 자랑하는 사람은 공이 없고, 스스로를 뽐내는 사람은 오래 가지 못한다.

> *He who stands on his tiptoe is not steady.*
> *He who strides cannot maintain the pace.*
> *He who makes a show is not enlightened.*
> *He who is self-righteous is not respected.*
> *He who boasts achieves nothing.*
> *He who brags will not endure.*

나는 왜 사소한 이유로
근심하는가

불행 피하기 기술

◆────────────────────────────◆

"불행이 우리를 짓누를 때는
텅 빈 것들이 제철을 만나는 듯싶다."

| 몽테뉴 |

사소한 일 하나가 마음을 무겁게 만드는 순간이 있다. 그럴 때마다 우리는 인생 전체가 근심으로 가득해진다. 그래서 몽테뉴는 "가장 사소하고 경미한 골칫거리가 가장 아픈 법이다"라고 말했다.

왜 늘 사소한 이유로 근심할까. 이런 물음에 사로잡혀 밤을 지새운 적이 있을 것이다. 어떤 이는 친구에게 전화를 걸어 허심탄회하게 수다를 떨며 근심을 잊으려 하고, 어떤 이는 혼자 끙끙거리며 애간장을 태우기도 한다. 또 어떤 이는 현실을 피해 무작정 여행을 떠나기도 한다. 답답하고 아픈 마음에 눈물로 지새운 어두운 밤들을 보내며 우리는 어찌할 줄 몰라 한다. 이처럼 불행한 나날을 보내고 있는 우리에게 몽테뉴는 위로의 메시지를 보낸다.

"불행은 내게 상처를 입히지는 않지만 나를 아프게 한다. 본래 삶이란 여린 것이며 동요되기 쉬운 것이다."

몽테뉴의 말은 삶이 본래 그렇다는 것을 말해 준다. 나만 약해서 그런 게 아니라 인간의 삶 자체가 여리기에 쉽게 아프다. 따라서 그것을 인정하는 순간 자신을 탓하거나 고통을 과장하지 않아도 된다. 지나간 수많은 시간을 돌이켜보라. 작은 불행들이 하나의 큰 불행보다 오히려 더 깊은 고통을 주지 않았는가? 몽테뉴는 《에세 3》에서 또 이렇게 말했다.

"불행은 그 무게에 따라 그만큼 나를 짓누른다. 그리고 그 내용만큼이나 방식에 따라 무게가 나가며, 이따금 어떤 방식이냐가 비중이 더 클 때도 있다."

몽테뉴의 이 말은 두 가지 의미를 담고 있다. 첫 번째 의미는 불행이 지닌 내용 그 자체의 무게다. 어떤 일이 일어났는가에 따라 삶을 짓누르는 정도가 달라진다. 다시 말해 아무리 작은 일이라도 그 크기와 내용에 따라 삶을 짓누르는 정도가 다르다. 예를 들어 매일 밤마다 떠오르는 사소한 걱정, 친구와의 작은 오해, 일상의 자잘한 불편함 같은 것들이 하루하루 쌓이면 한 번에 찾아오는 큰 불행보다 더 무겁게 마음을 짓누른다. 크든 작든 모든 불행에는 제각각의 무게가 있다. 하찮아 보이는 일이라도 겹치고 쌓이면 삶 전체를 짓누른다.

몽테뉴가 말한 두 번째 의미는 불행이 닥쳐오는 방식의 무게다. 다시 말해 불행은 내용보다 그것이 찾아오는 방식 때문에 더 무겁게 느껴질 때가 있다. 당신의 어두웠던 지난날을 돌이켜보라. 예기치 않은 불행이 갑자기 덮쳐와 숨이 막혔던 순간, 끝없이 이어지는 작은 근심이 마음을 짓누르고 어지럽혔을 것이다.

우리의 마음은 언제나 수많은 일에 둘러싸여 기대와 두려움 사이를 오간다. 그럴 때마다 불행이 덮쳐오면 사소한 것들마저 체힘을 얻은 듯 달려들어 근심을 더 무겁게 만든다. 그런 당신에게 몽테뉴는 말한다.

"당신은 만사를 너무 가까이에서 지켜보고 있다."

힘겹게 보낸 시간에 화가 나기도 하고, 잘못된 일들로 흘러간 세월이 아깝더라도 이제 일부러 모른척해 보자.

물론 불쾌한 일을 완전히 피하기란 쉽지 않다. 그러나 모든 사소한 문제를 붙잡는 대신 의도적으로 외면할 때 마음에 평정이 찾아온다. 몽테뉴도 절망이 몰려오면 억지로 마음을 붙잡지 않고 낭떠러지로 떨어지게 두었다. 그러면 끝에 남은 것은 버려진 슬픔이 아니라 되살아난 기쁨이다.

English transcription page

불행이 우리를 짓누를 때는
텅 빈 것들이 제철을 만나는 듯싶다.

> *It seems as if it were the season for vain things, when the hurtful oppress us.*

왜 나는 늘
타인의 갈채를 원하는가

자긍심

"자긍심은 어떤 점에서 자신이 압도적인 가치를 지녔다는 것에
관한 확고한 확신임에 반해 허영심은 이러한 확신을
타인의 마음속에서 일으키려는 소망이다."

| 아르투어 쇼펜하우어 |

인간은 외부의 평가에 쉽게 흔들린다. 명예와 평판만 좇다 보면 타인의 견해와 생각의 노예가 될 수밖에 없다. 그럴 때 자긍심은 인간이 타인의 시선에 매여 흔들리는 한계를 넘어설 수 있게 해준다. 자긍심은 자기 안에서 솟아나는 확고한 확신에 뿌리를 둔다. 이를 통해 우리는 스스로 가치를 지녔다는 사실을 확인하고, 외부의 평가에 기대지 않는 나만의 단단한 기준을 세울 수 있다.

그런데 우리는 종종 타인의 갈채를 받으려고 애쓴다. 왜 그렇게 타인의 갈채에 목을 매는 걸까? 그것은 자기확

신이 부족하기 때문이다. 쇼펜하우어가 말했듯 자긍심의 가장 큰 적은 다른 사람의 갈채를 바라는 허영심이다. 갈채를 바라는 순간 우리는 타인의 평가를 근거로 자신을 재단한다. 특히 외부의 칭찬과 비난에 따라 자기확신은 끊임없이 요동친다. 결국 타인의 갈채를 좇는 태도는 자긍심을 약화시키고 허영심을 키운다.

우리는 자긍심을 지닌 사람을 두고 현실을 모른다며 비웃고, 스스로를 과대평가한다고 폄하한다. 하지만 자긍심이야말로 타인의 평가를 넘어 자기 존재를 새롭게 바라보는 건강한 마음이다. 자신이 압도적인 가치를 지녔다는 확고한 확신을 받아들인 자만이 진정한 삶의 주인이 될 수 있다. 쇼펜하우어는 《쇼펜하우어의 행복론과 인생론》에서 이렇게 말했다.

"각자 현실적으로 자신의 견해 속에서 살아가는 것이다. 타인의 견해 속에서 살아가는 것이 아니라는 단순한 진리를 깨달아야 한다."

자긍심이 현대 사회를 살아가는 데 중요하지 않다고 생각하는 사람은 거의 없을 것이다. 20세기에 가장 사랑받은 배우이자 인류애로 기억되고 있는 오드리 헵번은 영화 〈티파니에서 아침을〉에서 보여준 세련된 모습과 검

은색 드레스 차림으로 영화사에 길이 남을 아이콘이 되었다. 그녀는 아카데미상 후보에 네 번이나 오르는 영예를 안았고, 미국영화연구소^AFI가 선정한 고전 할리우드 시대 최고의 여배우 3위에 이름을 올렸다. 전 세계적인 패션 아이콘으로 인정받으며 외적으로도 큰 명성과 사랑을 얻었다. 그러나 정작 헵번은 그 칭호를 단호히 거절했다. 그녀는 한 인터뷰에서 이렇게 말했다.

"나는 결코 나 자신을 아이콘이라고 생각하지 않는다. 다른 사람의 마음속에 있는 내가 내 마음속에도 있는 것은 아니다. 나는 그저 내가 할 일을 했을 뿐이다."

외부의 갈채와 이미지를 자신과 동일시하지 않겠다는 이 발언에서 그녀가 얼마나 자기 기준에 충실했는지 분명히 드러난다. 배우로서 명성을 한창 누리던 1960년대 말, 헵번은 돌연 활동을 접고 가족과 일상으로 돌아갔다. 세상은 그녀가 커리어를 희생했다고 말했지만, 그녀에게 그것은 가장 원하는 삶을 위한 선택이었다. 화려한 무대보다 아이들과 함께하는 일상이 더 소중했기 때문이다.

말년에 헵번은 유니세프 친선대사로 전 세계 분쟁 지역을 찾아가 어린아이들을 돕는 일에 헌신했다. 외부의 갈채보다 내면의 소명을 따르는 삶이었다. 헵번에게 세상의 평가와 갈채는 잠시 머물다 사라지는 것이었지만, 자기 안의 확신은 삶을 지탱하는 축이었다. 그래서 그녀는 미와 성공의 상징이면서도, 허영심의 그림자를 넘어 자긍심을 지킨 인물로 남았다. 오드리 헵번은 무대 위의 갈채가 아니라 내면의 목소리를 기준으로 살아간 사람이었다. 그녀의 삶은 자긍심이 어떻게 인간을 지탱하는지 보여주는 증거였다. 그렇기에 세월이 흘러도 그녀의 이름은 단순한 미녀 스타가 아니라 인간적 품격의 상징으로 남아있는지도 모른다.

> "자신이 압도적인 장점과 특별한 가치를 지녔다는 확고하고 흔들림 없는 내적 확신만이 실제로 자긍심을 품게 해준다."

쇼펜하우어의 이 말이 우리에게 시사하는 바는 분명하다. 자긍심은 억지로 꾸며낼 수 있는 허세가 아니라 자기 안에서 길러지는 확고한 확신이라는 점이다. 요즘 흔히 이야기되는 '자기확신'이라는 말이 진부하게 들릴 수도 있지만, 결국 자기 자신에 대한 진정한 이해와 확신이야말로 자긍심의 토대가 된다. 자긍심은 타인의 갈채에 흔들리지 않고 자기 길을 걸어가게 하는 힘이다. 즉 허영심의 굴레에서 벗어나는 가장 현실적인 무기다. 세상에는 뻔뻔하고 몰염치한 사람들, 즉 남을 깎아내리며 자기 우위를 확보하려는 사람들이 많다. 그들의 비방에 휘둘리지 않으려면 스스로 가진 장점과 가치를 늘 마음에 새겨 두어야 한다. 그래야만 외부의 부정적 평가에 흔들리지 않고 자기확신이 유지된다. 이것만은 반드시 기억하자. 자긍심은 타인의 박수가 아니라 내 안의 확신에서 시작된다.

English transcription page

자긍심은 어떤 점에서 자신이 압도적인 가치를 지녔다는 것에 관한 확고한 확신임에 반해 허영심은 이러한 확신을 타인의 마음속에서 일으키려는 소망이다.

> *Pride is the firm conviction of one's own pre-eminent worth in some respect; vanity is the wish to awaken such a conviction in others.*

삶은 견디는 것이 아니라
즐기는 것이다

온전한 삶

"무엇을 안다는 것은 그것을 좋아하는 것만 못하고,
그것을 좋아한다는 것은 그것을 즐기는 것만 못하다."

| 공자 |

영화 〈먹고 기도하고 사랑하라〉에서 주인공 리즈는 서른한 살의 저널리스트다. 겉으로는 안정된 삶을 이어갔지만, 내면은 이미 텅 비어 있었다. 그녀는 여전히 자신이 누구인지, 진정한 자기 자신을 찾지 못했다. 8년간 이어온 결혼 생활은 그녀의 마음을 채워주지 못했고 결국 이혼으로 전 재산을 잃고 빈털터리가 되었다. 그녀는 우울증에 시달렸고 모든 게 혼란스러웠으며, 슬퍼서 미칠 지경이었다. 새로 만난 연인 데이빗조차 그녀에게 위로가 되지 못했다. 리즈는 자기 자신을 찾아 떠나기 위해 일과 사랑, 익숙한 모든 것을 뒤로한 채 1년간 세계 여행을 시작한다.

이탈리아 로마에 도착한 그녀는 파스타, 피자, 젤라토 같은 음식을 즐기며 삶의 즐거움과 여유를 배운다. 한입 가득 퍼지는 풍미 속에서 그녀는 처음으로 삶을 음미하는 기쁨을 느꼈다. 먹고 마시고 즐기며 사는 여유로운 삶, 즉 달콤한 인생의 가치를 느꼈다. 그리고 그녀는 스스로에게 질문을 던졌다.

"만약 당신의 삶이 온전히 당신의 것이라면 어떨까?"

공자는 《논어》〈옹야〉 편에서 무엇을 안다는 것은 그것을 좋아하는 것만 못하고, 그것을 좋아한다는 것은 그것을 즐기는 것만 못하다고 말했다. 이 말은 먼저 학문을 대하는 태도를 설명한다. '안다'라는 것은 귀로 듣고 머리로 이해하는 단계에 머무른다. 그러나 그것만으로는 부족하다. '좋아한다'라는 것은 배우는 일을 즐겨 찾으며 기꺼이 탐구하는 상태다. 그리고 '즐긴다'라는 것은 배움이 삶 속에서 완전히 자기 것이 되어 기쁨을 누리는 경지다.

그러나 공자가 말한 '아는 것-좋아하는 것-즐기는 것'의 세 단계는 단순히 학문이나 배움에만 한정되지 않는다. 무엇을 안다는 것에서 '무엇'은 특정한 분야가 아니라 인간이 마주하는 삶 전체를 의미한다. 그래서 다산 정약용은 《논어고금주》에서 이렇게 풀이했다.

"안다는 것은 듣고 옳음을 아는 것이고, 좋아한다는 것은 행하여 그 맛을 기뻐하는 것이며, 즐긴다는 것은 얻어서 그 만족함을 누리는 것이다."

그런데 대부분의 사람은 어떤 것이든 아는 데서 만족한다. 왜 삶을 온전히 즐기지 못할까? 가장 큰 이유는 어쩔 수 없어서 억지로 하기 때문이다. 삶의 모든 순간을 '해야 할 것'으로만 받아들인다면 삶은 그저 견뎌야 하는 날들의 연속이다. 특히 결과에 연연하면 그 과정을 즐길 수 없다. 중요한 것은 삶 속에서 얼마나 몰입하느냐다. 다음은 공자가 제시한 삶을 즐기기 위한 일곱 가지 구체적 태도다.

삶을 즐기기 위해 지녀야 할 7가지 태도

•

1. **결과보다 과정을 중시하라** | 성과를 좇지 말고 지금의 행위를 즐겨야 한다. 공자는 빨리 이루려 하면 도달하지 못하고, 작은 이익을 바라면 큰일을 이루지 못한다고 말했다.
2. **말보다 몸으로 실천하라** | 아는 것을 행동으로 옮길 때 삶을 만끽할 수 있다. 공자는 먼저 말을 행동으로 옮기고, 그 뒤에야 말이 따르게 하라고 강조했다.
3. **단순히 배우는 데서 멈추지 말고 반드시 사유해라** | 배우고 생

각해야 비로소 자기 것이 되고, 그 위에서야 좋아함과 즐김으로 나아갈 수 있다.

4 **삶의 진정한 의미를 순간마다 깨우쳐라** | 단 한 번이라도 도를 깨달았다면 그 삶은 이미 충만하다. 그래서 공자는 아침에 도에 들었다면, 저녁에 죽어도 좋다고 말했다.

5 **스스로 한계를 넘어 잠재력을 펼쳐라** | 공자는 군자를 용도가 정해진 그릇으로 보지 않았다. 삶도 마찬가지다. 어린아이가 놀이하듯 한계를 두지 말고 삶의 가치를 창조하라.

6 **죽음을 두려워하지 말고, 지금 이 순간에 집중하라** | 공자가 아직 삶도 알지 못하는데 어찌 죽음을 알겠냐고 말한 이유다. 죽음을 논하기보다 살아 있는 동안 어떻게 사는지가 중요하다.

7 **운명을 바로 알고 움직여라** | 공자의 말처럼 천명을 알지 못하면 군자가 될 수 없다. 주어진 자신의 한계를 알고 그 안에서 길을 찾을 때 비로소 삶을 즐길 수 있다.

English transcription page

무엇을 안다는 것은 그것을 좋아하는 것만 못하고,
그것을 좋아한다는 것은 그것을 즐기는 것만 못하다.

> *Knowing it is not as good as loving it; loving it is not as good as delighting in it.*

한 걸음 물러서서 바라보면
인생은 좋은 것도 나쁜 것도 아니다

마음챙김

"사색을 통해 우리는 온전한 정신을 유지한 채
우리 자신으로부터 벗어날 수 있다.
마음의 의식적인 노력으로 우리는 행위와 그 결과에서
초연할 수 있으며, 그렇게 되면 좋은 것이든 나쁜 것이든
모든 것들이 급류처럼 우리 곁을 스쳐 지나간다."

| 헨리 데이비드 소로 |

윌리엄 셰익스피어의 희극 《좋으실 대로》의 여주인공 로절린드는 숙부에게 쫓겨 궁전을 떠나 숲으로 도망가는데, 이때 그녀는 남자로 변장하고 이름까지 '가니메데'로 바꾼다. 운명은 장난스럽게도 그녀의 연인 올랜도마저 같은 숲으로 불러들인다. 그런데 문제는 올랜도가 가니메데를 남자로 믿고, 심지어 사랑 고민까지 상담한다는 것이다. 로절린드는 그 상황을 즐기기라도 하듯 남장한 채 자신의 연인이 자신을 절절히 사랑하는 기막힌 장면을 흥미롭게 지켜보며, 사랑 고백을 연습하는 그를 위해 상대역할까지 자청한다. 결국 숲속에서 벌어진 이 유쾌한 연

극은 모든 오해가 풀리면서 행복한 결혼으로 끝난다. 이 과정에서 셰익스피어는 우리 모두가 삶이라는 무대 위에서 엉뚱한 배역을 맡아 연기하며 살아간다는 유쾌한 진실을 전한다.

"온 세상이 무대이지, 모든 남자와 여자는 배우일 뿐이고, 그들에겐 각각의 등장과 퇴장이 있으며 한 사람은 일생 동안 많은 역할을 하되 나이 따라 7막을 연기하네."
《좋으실 대로》〈2막 7장〉 중에서

헨리 데이비드 소로는 《월든》에서 삶을 한 편의 연극으로 비유한다. 그러나 소로는 셰익스피어가 말한 지점에서 한 걸음 더 들어간다. 삶이라는 연극에서 인간은 단순히 배우로만 존재하는 것이 아니라 그것을 관찰하는 관객이기도 하다. 그래서 소로는 사색을 통해 우리는 온전한 정신을 유지한 채 우리 자신으로부터 벗어날 수 있다고 말한다. 이것이 바로 오늘날 심리학과 철학에서 주목하는 '마음챙김Mindfulness'이라는 개념이다. 마음챙김이란 지금 여기에 존재하면서 순간순간 떠오르는 생각과 감정을 있는 그대로 알아차리는 것을 말한다. 소로가 말한 것처럼 우리는 인생극 속에서 경험자인 동시에 관찰자다. 이러한 이중성 때문에 자신의 삶이 비극이든 희극이든 그 결과를 초연하게 바라볼 수 있게 된다는 것이다. 소로의 통찰을 이어받아 일상에서 마음챙김을 실천하려면 순간순간 떠오르는 생각이나 감정을 한 걸음 물러서서 바라보는 능력이 필요하다. 이는 '지금 여기에 머무는 연습'을 통해 작은 생활습관의 변화로 키울 수 있다.

일상에서 마음챙김을 실천하는 3가지 방법

1 생각을 비우고 현재에 집중하기

걱정이나 부정적인 생각이 떠오를 때마다 잠시 눈을 감고 마음의 스위치를 끈다. 아무것도 판단하지 않고 바라보는 시간을 갖는 것이다. 그러면 복잡한 생각의 소용돌이가 서서히 가라앉고 마음이 현재 순간에 고정되는 것을 경험하게 된다.

2 마음 안에 있는 쓰레기 던져버리기

잠시 하던 일을 멈추고 자연의 존재를 느끼는 시간을 가져본다. 천천히 산책하며 주변의 새소리, 흔들리는 나뭇잎, 바람의 감촉에 귀 기울이고 걸을 때 발바닥에 전해지는 감각을 하나하나 느껴본다. 자연 속에서 오감을 깨우면 머릿속을 가득 채웠던 근심이나 할 일 목록이 잠시 옅어지면서 마음에 고요한 여유가 찾아온다.

3 일상 활동을 하나씩 온전히 느끼기

매일 무심코 흘려보낸 평범한 일들 가운데 일부를 의도적으로 인식하는 시간으로 바꾸어본다. 예를 들어 차 한 잔 마시는 몇 분을 그냥 흘려보내지 않고 오롯이 차에 집중하는 시간으로 만든다. 전자기기는 잠시 끄고 찻잔을 두 손으로 감싸 쥔 채 따뜻한 온기가 손바닥에 전해지는 느낌, 차에서 피어오르는 향기, 입안을 적시는 차의 맛을 하나하나 음미한다. 눈을 감고 차 한 모금 한 모금에 의식을 싣다 보면 짧은 시간이지만 현재 느껴지는 감각에 깊게 몰입할 수 있다.

혹은 식사 시간에 마음챙김을 실천해 볼 수도 있다. 음식을 급하게 삼키지 말고 천천히 여러 번 씹으면서 입안에 퍼지는 맛과 질감을 느껴보고, 음식의 색과 향을 의식적으로 탐색한다. 이렇게 오감으로 지금 하고 있는 한 가지 행동에 주의를 집중하면 복잡한 잡념들은 자연스럽게 뒤로 물러나고, 일상의 사소한 순간들이 새롭게 다가오는 경이를 체험하게 된다.

하루 중 이런 작은 마음챙김 의식들을 늘려가다 보면 어느새 삶 전반에 깨어 있는 의식과 소박한 기쁨이 스며들게 된다. 이는 소로가 강조했던 대로 "부디 하루라도 자연처럼 신중한 삶을 살아보자"라는 진리를 일상에서 실천하는 방법이기도 하다. 차 한 잔, 한 끼 식사도 온 마음으로 대하면 삶의 충만함을 느낄 수 있다. 그러면 모든 것들이 급류처럼 우리 곁을 스쳐 지나갈지라도 인생은 생각하는 것만큼 그렇게 좋은 것도 그렇게 나쁜 것도 아님을 깨닫게 된다. 소로는 이렇게 묻는다.

"왜 굳이 이 시대의 조류에 휩쓸려 떠내려가려 하는가?"

English transcription page

사색을 통해 우리는 온전한 정신을 유지한 채 우리 자신으로부터
벗어날 수 있다. 마음의 의식적인 노력으로 우리는 행위와
그 결과에서 초연할 수 있으며, 그렇게 되면 좋은 것이든 나쁜 것이든
모든 것들이 급류처럼 우리 곁을 스쳐 지나간다.

> *With thinking we may be beside ourselves in a sane sense. By a conscious effort of the mind we can stand aloof from actions and their consequences; and all things, good and bad, go by us like a torrent.*

즐거워하는 사람은 언제나
그럴 만한 이유가 있다

명랑한 마음

"명랑함이 우리를 찾아오면 언제라도 문을 활짝 열어 줘야 한다.
명랑함이 잘못된 때 찾아오는 법은 결코 없기 때문이다."

| 아르투어 쇼펜하우어 |

인간의 마음은 쉽게 우울과 슬픔에 빠질 만큼 참으로 불안정하다. 때로는 명랑함이 우리 안에 머무는 듯하다가도 곧 우울이 밀려와 아무것도 가치 없게 느껴질 때가 있다. 반대로 무거운 근심이 가득한 하루에도 한순간 웃음이 스며들면 세상이 전혀 다른 모습으로 바뀐다. 이모든 변화가 마음가짐과 기질에서 비롯된다는 사실이 놀랍지 않은가?

만약 인간이 항상 명랑함을 받아들인다면 삶은 지금처럼 불안정하거나 무겁지 않을 것이다. 다시 말해 명랑한 마음을 받아들이느냐 안 받아들이느냐에 따라 오늘의 삶이 완전히 달라진다. 그래서 쇼펜하우어는 명랑한 마음은 우리를 행복하게 해주는 가장 큰 자산이라고 말한다. 하지만 그 명랑함은 언제나 유지되는 게 아니다. 인간의 마음은 변덕스럽고 때로는 우울이나 슬픔으로 쉽게 기울 수 있기 때문이다.

쇼펜하우어가 말한 "명랑함만이 행복의 진짜 주화와 같은 것이다"라는 구절은 사실 단번에 이해되는 표현은 아니다. 그러나 이 말을 곱씹다 보니, 나는 명랑한 얼굴을 그린 마티스의 〈춤 2〉를 떠올리게 되었다. 푸른 하늘과 초록 들판 위에서 다섯 명의 붉은 인물들이 서로 손을 맞잡고 원을 이루어 춤을 춘다. 단순한 선과 색으로 그려졌지만, 몸짓과 리듬 속에서 환희와 명랑함이 그대로 전해진다. 이 작품이 전하는 바는 다른 어떤 조건 때문이 아니라 즐거워한다는 사실 그 자체가 곧 기쁨이 된다는 뜻을 담고 있다. 마치 금화나 은화를 손에 쥔 순간 곧바로 가치를 발휘하듯, 명랑한 마음도 다른 어떤 조건을 거치지 않고 즉각적인 행복을 선사한다. 쇼펜하우어는 《쇼펜하우어의 행복론과 인생론》에서 명랑함이 찾아올 때 주저하지 말고 받아들여야 한다고 말한다. 명랑함은 결코 잘못된 때에 오는 법이 없기 때문이다.

우리가 어떤 건강을 지니고, 어떤 습관으로 몸을 다스리느냐에 따라 명랑함은 전혀 다른 모습을 보인다. 명랑함은 건강과 결코 분리될 수 없다. 명랑함은 단순히 기분이 아니다. 우리의 몸과 생활이 곧 명랑함의 바탕이기 때문이다. 우리가 가진 절제와 습관 그리고 꾸준한 운동이 모여 건강을 이루고, 그 건강 위에서 명랑한 마음이 자라난다. 건강은 겉으로는 삶의 조건처럼 보이지만, 실은 명랑한 마음을 지탱하는 가장 중요한 토대다.

쇼펜하우어는 "건강이 우리의 행복에 매우 중요한 명랑함에 크게 기여하지만, 명랑함이 건강에 의해서만 좌우되는 것은 아니다"라고 말했다. 이는 건강이 명랑함을 돕는 중요한 조건이지만, 명랑함의 유무가 오직 건강으로만 설명되지 않는다는 뜻이다. 완벽하게 건강한 사람도 이유 없는 우울감에 빠질 수 있다는 사실은, 명랑함이 단순히 몸의 상태만으로 결정되지 않음을 보여준다. 어쩌면 우리는 건강을 돌보는 일만큼이나 명랑한 마음을 어떻게 지켜낼 수 있는지에 대해서도 고민해야 하지 않을까? 명랑함은 때로 이유 없이 약해질 수 있기에 우리는 절제와 습관을 지켜 마음을 단련하고 일상을 단정하게 가꾸어야 한다. 명랑한 마음이 우리 몸에 자리 잡는 순간 행복은 지금 이 순간 현실이 된다.

명랑한 마음과 완전한 건강을 유지하는 7가지 방법

•

1   무절제와 방탕을 피하라.

2   격하고 불쾌한 감정의 동요를 피하라.

3   과도하거나 지속적인 정신적 긴장을 피하라.

4   하루에 두 시간씩 실외에서 활발하게 운동하라.

5   자주 냉수욕을 하라.

6   식이요법으로 건강을 관리하라.

7   매일 적당한 운동을 게을리하지 마라.

English transcription page

명랑함이 우리를 찾아오면 언제라도 문을 활짝 열어 줘야 한다.
명랑함이 잘못된 때 찾아오는 법은 결코 없기 때문이다.

> *If cheerfulness knocks at our door, we should throw it wide open, for it never comes inopportunely.*

행복은 관심을 외부로
돌리는 것이다

행복의 정복

◆────────────────────────────◆

"외부적 환경이 불행하지 않은 경우라면
열정과 관심을 자기 내부가 아니라 바깥 세계에 쏟는 것만으로도
누구나 행복을 성취할 수 있다."

| 버트런드 러셀 |

"왜 우리는 자기 자신을 스스로 가두는가?"

우리는 스스로 인지하지 못한 채 과거의 감정에 지배받으며 살아간다. 어린 시절 버림받았던 기억, 과거에 따돌림이나 무시당했던 경험, 참아야만 했던 억울함 같은 해결되지 않은 감정이 비슷한 상황과 마주하면 불현듯 표면 위로 떠오른다. 별일 아닌 농담에 갑자기 욱하고 분노가 치밀어 오르거나, 상대방의 의미 없는 작은 표정과 말투 하나에 깊은 상처를 받는 이유는 바로 내면에 숨어 있던 '트리거Trigger'가 작동했기 때문이다. 마치 방아쇠를

당기면 총알이 발사되듯, 사소한 자극이 과거의 억눌린 감정을 순간적으로 폭발시키는 것이다. 트리거가 작동하는 메커니즘은 이렇다.

> 과거에 억눌러놓았던 감정 + 현재의 비슷한 자극
> = 무의식적 감정 폭발

트리거는 일상 속 어딘가에 숨어 있다가 예고 없이 우리의 감정을 건드린다. 이유 없이 반복되는 감정의 폭발은 결코 당신의 탓이 아니다. 그것은 당신 내면의 감정이 과거로 되돌아가는 타임머신을 작동시킨 것과 같다. 트리거가 생기는 이유는 과거의 특정 순간에 제대로 처리하지 못한 감정과 상처를 무의식 속에 그대로 방치했기 때문이다.

늘 나의 감정을 위협하는 트리거에 제대로 대처하려면 먼저 자신의 트리거를 자각해야 한다. 버트런드 러셀은 《행복의 정복》에서 적어도 하루에 한 가지씩 고통스러운 진실을 스스로 인정하라고 말한다. 어떤 상황에서 내 감정이 폭발하는지 미리 알고 있으면, 실제로 그 상황이 닥쳤을 때 감정에 휘말리지 않고 "아, 이게 바로 내 트리거구나" 하고 스스로 알아차릴 수 있다.

그리고 갑작스럽게 격렬한 감정이 올라올 때는 의식적으로 한 걸음 뒤로 물러나 자신과 상황을 멀리서 내려다보는 연습을 해본다. 예를 들어 스스로에게 이렇게 말하는 것이다. "지금 내가 느끼는 이 감정은 단지 이 상황 때문만은 아니야. 사실은 오래전 과거의 아픔에서 올라오는 거지. 그래서 더 아픈 거야." 이렇게 자신의 감정에서 한 걸음 떨어져 바라보는 연습을 하면 감정에 완전히 휩쓸리지 않고 그 원인을 찾아낼 수 있다. 동시에 마음속으로 이렇게 되뇌어보자. "나는 지금 안전해. 그때의 상황이 반복되는 게 아니야." 이 작은 한마디는 과거와 현재를 확실하게 분리하는 데 도움을 준다.

우리가 불행한 이유는 자기 내면의 좁고 어두운 방 안에 스스로 갇혀 있기 때문이다. 그 방 안에서는 두려움과 질투, 죄의식과 자기연민 그리고 자기도취가 끊임없이 맴돈다. 트리거로 인한 고통은 마음이 자신의 상처에 계속 집착할 때 더 깊어진다. 이때 의식적으로 시선을 밖으로 돌려 주변 세계에 관심을 기울이면 내면에서 반복되던 트라우마가 멈추고 생생한 현실이 눈에 들어오게 된다. 그래서 러셀은 열정과 관심을 자기 내부가 아니라 바깥 세계에 쏟는 것만으로도 누구나 행복을 성취할 수 있다고 말한 것이다. 예컨대 예술이나 운동, 봉사활동처럼 몰입할 수 있는 활동에 집중하면 내면의 상처에 대한 집착이 점차 사라진다. 러셀은 《행복의 정복》에서 또 이렇게 말한다.

"중요한 것은 자기부정이 아니라 관심을 외부로 돌리는 것이다."

인생은 한 편의 영화와 같다. 그 영화는 로맨스일 수도, 코미디일 수도, 때로는 스릴러나 비극일 수도 있다. 결국 나 자신이 인생의 장르를 결정한다. 중요한 것은 지금 내가 어디를 바라보고 있느냐에 따라 인생은 얼마든지 달라진다는 사실이다. 행복을 정복하는 방법은 사실 의외로 간단하다. "인생이라는 영화의 감독이자 각본가는 바로 당신 자신이다." 이 말을 꼭 기억하길 바란다. 행복은 그리 멀지 않은 곳에 있다. 이제 당신이 진짜 원하는 행복 이야기를 직접 써 내려갈 차례다.

English transcription page

**외부적 환경이 불행하지 않은 경우라면
열정과 관심을 자기 내부가 아니라 바깥 세계에 쏟는 것만으로도
누구나 행복을 성취할 수 있다.**

> *Where outward circumstances are not definitely unfortunate, a man should be able to achieve happiness, provided that his passions and interests are directed outward, not inward.*

불행조차 더 이상
영향을 미치지 않는다

단단한 삶

"인간이 처한 어떤 상황 속에서 그토록 불행한 것은
오직 그들 자신 때문이다."

| 장자크 루소 |

사람은 누구나 불행을 당한다. 그 불행한 일들은 힘에 부칠 만큼 커다랗게 느껴진다. 그러나 불행이 정말 내 삶을 지배할 만큼 강력한가. 아니면 내가 곱씹는 동안에만 자라나는 허상에 불과한가.

사람은 누구나 모욕과 치욕, 불공평한 대우를 겪는다. 그러나 그것이 삶 전체를 무너뜨릴 만큼의 힘을 갖는 건 아니다. 불행이 우리를 지배하는 순간은 우리가 그것을 생각하고 곱씹을 때뿐이다. 그래서 루소는 불행은 그것을 생각하지 않는 사람에게는 아무런 영향도 미치지 못한다고 말한다.

루소는 불행의 본질을 두 가지로 구분한다. 하나는 불행 자체다. 누구에게나 닥칠 수 있는 모욕, 불공평한 대우, 치욕적인 사건이다. 다른 하나는 그 사건을 곱씹으며 스스로를 괴롭히는 마음이다. 루소는 두 번째를 경계했다. 불행을 불행 그 자체로 바라보는 사람에게 억울함, 분노, 수치심은 아무런 힘을 갖지 못한다. 루소는 《고독한 산책자의 몽상》에서 이렇게 말한다.

"정말로 어려움을 느끼는 상황은 언제나 드물다. 추측과 상상은 그것을 증대시킨다. 사람들이 불안해하고 불행한 것은 그러한 감정들이 계속되기 때문이다."

다시 말해 인간은 지금 겪는 불행에만 영향을 받을 뿐 아직 오지 않은 불행에는 영향을 받지 않는다. 다음은 루소가 제안하는 단단한 삶을 만드는 일곱 가지 태도다. 이를 갖춘다면 분명 불행은 당신을 비껴갈 것이다.

단단한 삶을 만드는 7가지 태도

•

1 불행은 곱씹을 때만 힘을 갖는다. 불운, 모욕, 불평은 그것을 계속 떠올리고 집착하는 사람에게만 상처를 남긴다. 불행 자체로만 받아들이는 사람에게는 아무런 영향을 미치지 못한다.

2 타인의 시선은 본질을 바꾸지 못한다. 남들의 판단이나 조롱은 내 존재를 흔들 수 없다. 내가 의지할 수 있는 것은 오직 나 자신이며, 타인의 공격은 오히려 나를 단단하게 만든다.

3 두려움은 불행이 아니라 불안에서 생긴다. 불행은 일시적으로 흔들림을 주지만, 시간이 지나면 그 힘을 잃는다. 나를 진짜 위협하는 것은 미래의 불행을 두려워하며 행복을 스스로 약화시키는 마음이다.

4 내적 세계를 지켜내라. 현실의 모욕은 공허한 소음일 뿐이다. 상상 속 존재와 교제하며 기쁨을 누리고, 그것이 나를 배반하지 않으리라 믿을 때 불행은 더 이상 나를 지배하지 못한다.

5 자연 속의 고독과 환희를 붙들라. 세상의 시끄러운 정념은 숲의 평화를 깨뜨리는 소음과 같다. 반면 자연 속 고독과 환희는 더 큰 힘으로 나를 회복시킨다.

6 본성의 폭발이 지나가고 나면 평정이 찾아온다. 분노와 충동은 본성에서 비롯되므로 억누를 수 없다. 그러나 충격이 사라지면 감정의 움직임도 멈춘다. 그 뒤에 오는 평정이 진짜 힘이다. 이성은 그 평정을 오래 지속시키는 도구다.

7 고통조차 나를 무너뜨리지 못한다. 지속되는 고통도 내 본성을 바꾸지 못한다. 휴식하는 순간마다 나는 다시 나 자신으로 돌아가고, 심지어 불행한 운명조차 행복의 한 방식으로 받아들일 수 있다.

누군가 당신에게 가한 불행에 조금도 아파하지 않으면 얼마나 좋겠는가. 그들이 다시 가할지도 모르는 불행에 불안해하지 않으면 얼마나 좋겠는가. 그런 마음을 담아 루소는 당신에게 이렇게 말한다.

"그들에게는 더 이상 당신에게 고통을 줄 새로운 술책이란 없다. 그들의 음모를 조롱하라. 그리곤 아랑곳하지 않고 당신 자신을 누려라."

English transcription page

인간이 처한 어떤 상황 속에서 그토록 불행한 것은 오직 그들 자신 때문이다.

> *For in whatever situation we may find ourselves, it is through the mind only that we can be completely miserable.*

| 참고문헌 |

공자, 《논어 : 인생을 위한 고전》, 김원중 옮김, 휴머니스트, 2019

노자, 《도덕경 : 버려서 얻고 비워서 채우는 무위의 고전》, 김원중 옮김, 휴머니스트, 2018

표도르 도스토옙스키, 《죄와 벌(상)》, 홍대화 옮김, 열린책들, 2009

마르쿠스 아우렐리우스, 《명상록》, 천병희 옮김, 숲, 2016

맹자, 《맹자 : 민심을 얻는 왕도정치의 고전》, 김원중 옮김, 휴머니스트, 2021

미셸 드 몽테뉴, 《에세 1》, 심민화 · 최권행 옮김, 민음사, 2022

미셸 드 몽테뉴, 《에세 2》, 심민화 옮김, 민음사, 2022

미셸 드 몽테뉴, 《에세 3》, 최권행 옮김, 민음사, 2022

버트런드 러셀, 《행복의 정복》, 이순희 옮김, 사회평론, 2005

사마천, 《사기열전 1》, 김원중 옮김, 민음사, 2020

아르투어 쇼펜하우어, 《쇼펜하우어의 행복론과 인생론》, 홍성광 옮김, 을유문화사, 2023

알베르 카뮈, 《시지프 신화》, 김화영 옮김, 민음사, 2016

앙투안 드 생텍쥐페리, 《어린 왕자》, 전성자 옮김, 문예출판사, 2020

앙투안 드 생텍쥐페리, 《인간의 대지》, 허희정 옮김, 펭귄클래식코리아, 2009

윌리엄 셰익스피어, 《셰익스피어 전집 1 : 희극 1》, 최종철 옮김, 민음사, 2014

장자, 《장자 : 자유로운 삶을 위한 고전》, 김원중 옮김, 휴머니스트, 2023

장 자크 루소, 《고독한 산책자의 몽상》, 김중현 옮김, 한길사, 2007

장재형, 《나와 내 삶의 의미 - 진정한 나를 찾기 위한 헤르만 헤세의 인생 수업》, 유노북스, 2025

장재형, 《마흔에 읽는 니체 : 지금 이 순간을 살기 위한 철학 수업》, 유노북스, 2022

장재형, 《플라톤의 인생 수업》, 다산초당, 2024

프리드리히 니체, 《선악의 저편·도덕의 계보》, 김정현 옮김, 책세상, 2002

프리드리히 니체, 《차라투스트라는 이렇게 말했다》, 정동호 옮김, 책세상, 2000

프리드리히 니체, 《즐거운 학문·메시나에서의 전원시》, 안성찬 옮김, 책세상, 2005

프리드리히 니체, 《바그너의 경우·우상의 황혼·안티크리스트》, 백승영 옮김, 책세상, 2002

플라톤, 《국가》(플라톤 전집 4), 천병희 옮김, 숲, 2013

플라톤, 《소크라테스의 변론·크리톤·파이돈·향연》, 천병희 옮김, 숲, 2013

헤르만 헤세, 《싯다르타》, 박병덕 옮김, 민음사, 2002

헨리 데이비드 소로, 《월든》(초판본), 전행선 옮김, 더스토리, 2025

F. 스콧 피츠제럴드, 《위대한 개츠비》, 김욱동 옮김, 민음사, 2009

다섯 가지 질문

초판 2쇄 발행 2025년 12월 12일

지은이 장재형
발행인 한정덕
사업이사 최지연
편집장 장문정
마케팅 강지민, 김경민, 김하연, 강민지
경영지원 강미연
디자인 말리북
제작처 공간코퍼레이션

펴낸곳 (주)타인의취향
출판등록 2018년 7월 30일 제2018-000229호
주소 서울시 마포구 마포대로 49 성우빌딩 1106호
전화 02-6949-6014 팩스 02-6919-9058
이메일 tain@tain.co.kr

ⓒ 장재형, 2025

ISBN 979-11-993593-4-5 03100

이 책은 저작권법에 따라 보호를 받는 저작물이므로 무단 전재와 무단 복제를 금지하며, 이 책의 전부 또는 일부를 이용하려면 반드시 저작권자와 (주)타인의취향의 서면동의를 받아야 합니다.

· 책값은 뒤표지에 있습니다.
· 잘못된 책은 구입하신 곳에서 바꾸어 드립니다.